命理學
斗數 八字 合論

方哲倫 著

自序

『一陰一陽之謂道』，道的本質乃指天地自然之奧妙，老子道德經亦云：『道生一，一生二，二生三，三生萬物』，宇宙廣大無邊、造物奧妙神奇——天與地、太陽與月亮、白天與晚上、男人與女人、剛強與柔順、中醫實與虛、氣候熱與冷，在在顯示世間萬物皆由陰與陽所組成。

《繫辭上・第五章》有云：『陰陽不測之謂神』，萬物陰陽運行、變化萬千，所以用「神」來形容其奧妙之處。八字以陽曆節氣為依據立四柱，紫微斗數則以陰曆為主起命盤，正所謂一陰一陽之謂道，因此唯有將八字與紫微斗數兩者相互結合才能真正鑑往知來，為人指點迷津！

現今八字與紫微斗數皆面臨一個相同問題——每相隔六十年出生者的命盤皆為一樣，以目前的八字與紫微斗數是無法精準將之分辨，唯一的解決辦法將在本書詳細介紹：將八字（陽）與紫微斗數（陰）相結合，方為正道。

以八字與紫微斗數合看例子說明，以甲子年甲子日兩柱為例，民國１３年（甲子年）十一月（正統紫微斗數起始月份）的１５日為甲子日，相隔六十年後（民國７３年）的十一月卻沒有甲子日，而是要到民國１３３年（１２０年後）的十一月方有甲子日，由此可知當八字與紫微斗數合併後，單單年與日兩柱要相同就要相隔１２０年，更何況四柱皆一樣的機率是如此微乎其微。

因此，唯有將八字與紫微斗數相結合方為正道。

己亥年春節　方哲倫

目錄

第一章　基本概念

第一節　河圖、洛書與先後天八卦圖說

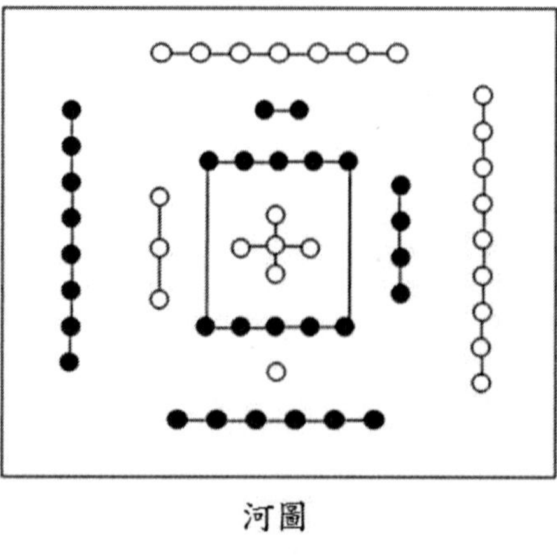

河圖

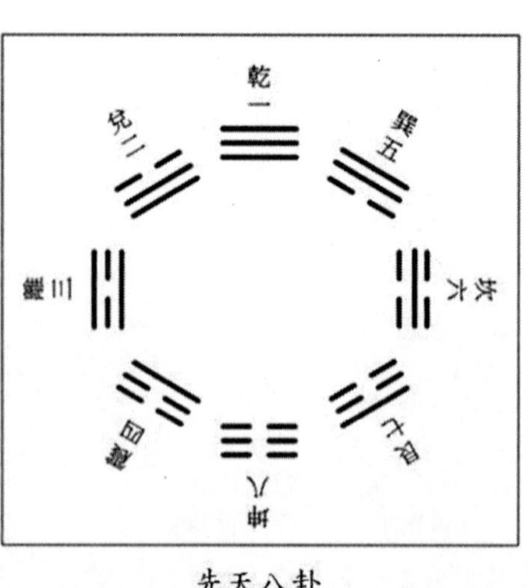

先天八卦

繫辭上傳第九章曰：「天一地二天三地四天五地六天七地八天九地十，天數五地數五，五位相得而各有合。天數二十有五，地數三十。凡天地之數五十有五，此所以成變化而行鬼神也。」

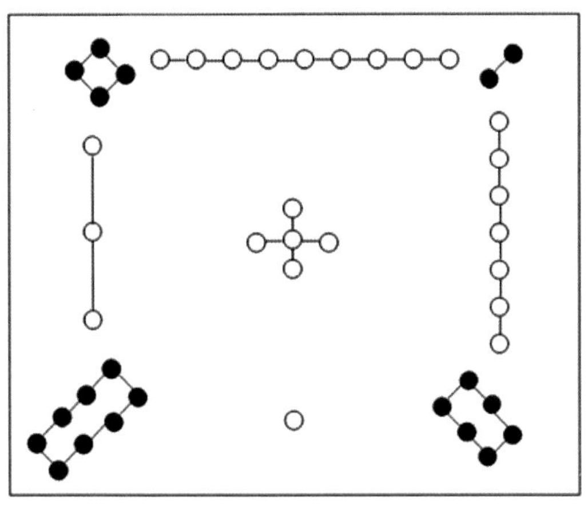

洛書

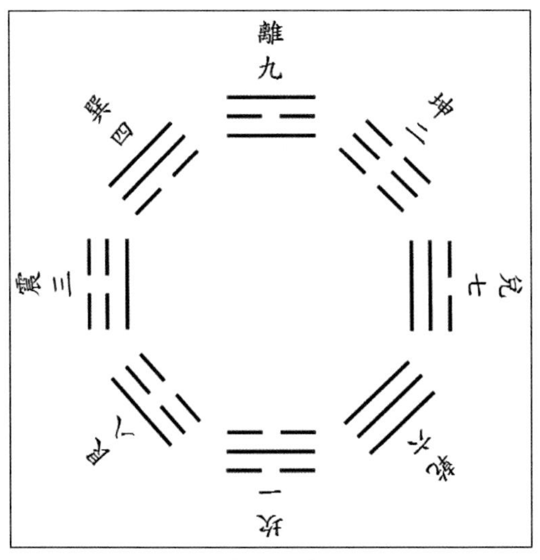

後天八卦

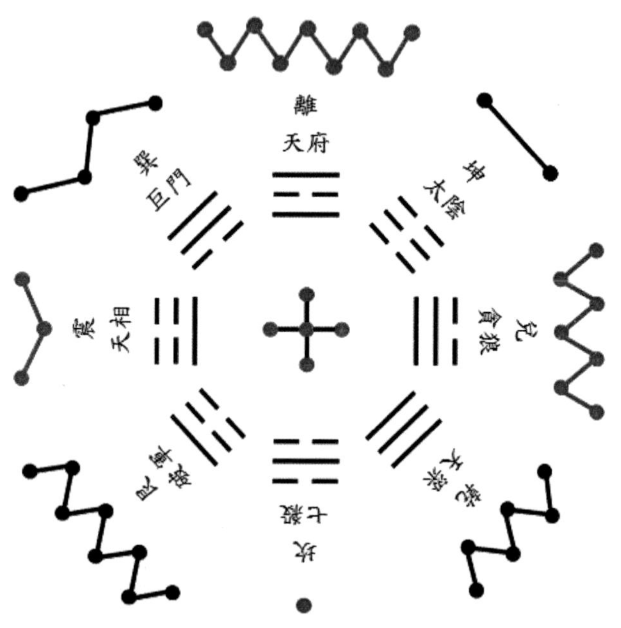

紫微斗數天府星系八星之依據

後天八卦圖

◆五行：金水火土木，五行（五）數入中宮。

◆外圍總數四十為十天干四化之用。

•人受孕懷胎四十週（懷胎十個月——二百八十天）。

•古代拜師學習技藝須四十個月（三年四個月），方能出師、有所成就。

第二節　天干、地支

一、十天干陰陽

天干：天干共計十個，一陽一陰共五組。列表如下：

	陽性	陰性	
1	甲	乙	2
3	丙	丁	4
5	戊	己	6
7	庚	辛	8
9	壬	癸	10

- 奇數為陽，偶數為陰。
- 陽年出生的男人稱為「陽男」，女人則稱為「陽女」。
- 陰年出生的男人稱為「陰男」，女人則稱為「陰女」。

◆須熟記大限陽男陰女順行，陰男陽女逆行。

二、十二地支

地支	月數	生肖
子	正	鼠
丑	二	牛
寅	三	虎
卯	四	兔
辰	五	龍
巳	六	蛇
午	七	馬
未	八	羊
申	九	猴
酉	十	雞
戌	十一	狗
亥	十二	豬

巳	午	未	申
辰			酉
卯			戌
寅	丑	子	亥

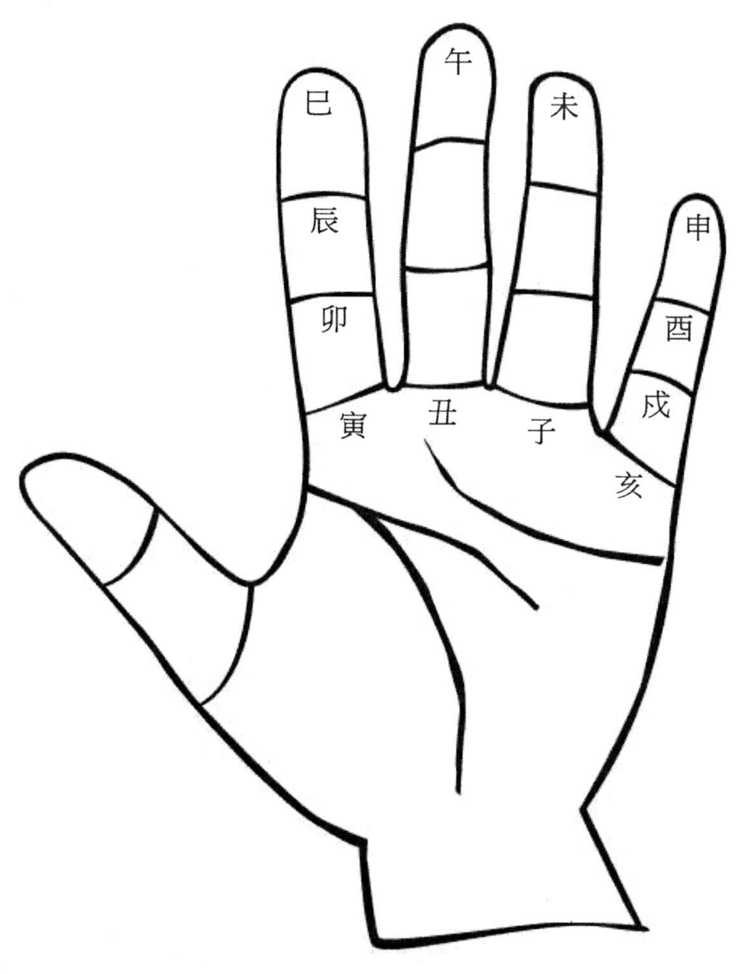

地支掌訣圖

第二章　排盤前準備

「生辰八字」，這四個字相信絕大多數的人都對它耳熟能詳，尤其是身處在東方巨龍，擁有五千年歷史與文化薰陶的炎黃子孫。

生辰八字，從字面上來作一個說明及解釋的話，代表的就是一個新生命在經過十月懷胎，哇哇落地的那一刻開始；然而，若要真正探索到「生辰八字」背後真正隱含的真意，卻是三言兩語無法陳述清楚、概括完全，因為「生辰八字」象徵著一個人在這一生中必須面臨與遭遇到之悲歡離合、陰晴陽缺。

第一節　定出生年、月、日、時

一、十二地支

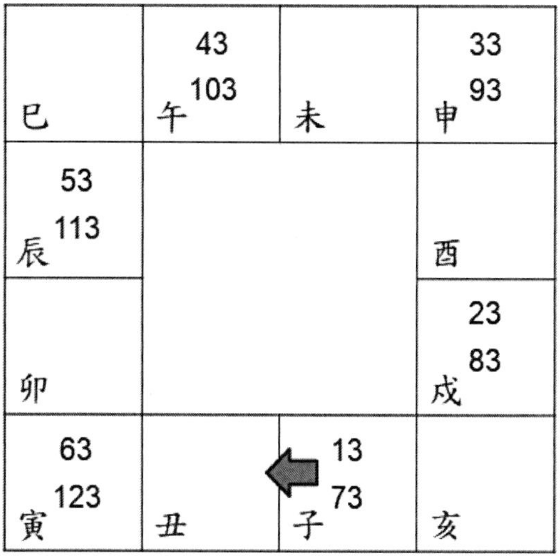

巳	午 43 103	未	申 33 93
辰 53 113			酉
卯			戌 23 83
寅 63 123	丑	← 子 13 73	亥

◆甲子（民國73 13年）、乙丑（民國74 14年）、……

◆甲戌（民國83 23年）、乙亥（民國84 24年）、……

◆甲申（民國93 33年）、乙酉（民國94 34年）、……

◆甲午（民國103 43年）、乙未（民國104 44年）、……

◆甲辰（民國113 53年）、乙巳（民國114 54年）、……

◆甲寅（民國123 63年）、乙卯（民國124 64年）、……

以民國 60 年生為例子說明：

由甲辰（五十三）為起點算起，順時鐘依序為乙巳（五十四）、丙午（五十五）、丁未（五十六）、戊申（五十七）、己酉（五十八）、庚戌（五十九）、辛亥（六十）。

二、安月干支

生年天干	甲	乙	丙	丁	戊
	己	庚	辛	壬	癸
子宮起	甲	丙	戊	庚	壬

己巳	庚午	辛未	壬申
戊辰		民國二十三年（甲戌年）	癸酉
丁卯			甲戌
丙寅	乙丑	甲子	乙亥

✧以冬至為正月（周朝）

史記曆書：「氣復正，羽聲復清，名復變，以至子月當冬至，則陰陽離合之道行焉。」一陽復始、萬象復甦，冬至代表陰氣消盡，陽氣漸長，因此回復，周朝以冬至為正月方是正統。當以子宮起正月，原本天干重複之子丑寅卯宮位，將會變成戌亥子丑宮位重複，而部份排盤也由原本的生月順序變成生月＋2（因由子宮起正月）。

以民國二十三（甲戌年）年生為例，由右表可知，生年天干為甲、己者由子宮（正月）起甲子，順時鐘依序為：乙丑（二月）、丙寅（三月）、……、甲戌（十一月）、乙亥（十二月）。

三、生時表

時間	
23:00 - 00:59	子
01:00 - 02:59	丑
03:00 - 04:59	寅
05:00 - 06:59	卯
07:00 - 08:59	辰
09:00 - 10:59	巳
11:00 - 12:59	午
13:00 - 14:59	未
15:00 - 16:59	申
17:00 - 18:59	酉
19:00 - 20:59	戌
21:00 - 22:59	亥

第三章　排盤

一、安命宮

6 巳	7 午	8 丑時 未	逆 ← 子 9 申
5 辰	七月二十五日 申時		酉
4 卯			戌
3 寅	2 丑	1 命 子	亥

從子宮起正月，順數至生月加二，再由生月加二為定點起子時，逆數到本人所生的時辰安命宮。

譬如說七月申時生人，則七月加二在申宮，由申宮起子時，逆數到生時（子宮），即為命宮。

✧ 閏月演算法：

- 當出生於閏月（例：閏九月）之時，則以同一月份（九月）當作其出生月份。
- 《紫微斗數全書》：「又若閏正月生者，要在二月內起安身命。凡有閏月，俱要依此為例。」以《紫微斗數全書》之閏月排法為例，當出生於閏月（閏正月）之時，則以下一個月份（二月）做為其出生月份。
- 陰陽曆製定法：冬至日一定在陰曆十一月（子月）裡，且必定在陽曆十二月二十一、二十二日為定點，由此起算每三年一閏、五年再閏，因此十九年總共有七個閏月—子月無閏月，其餘月份則都有閏月，故閏十二月時，前半為十二月，十六起則為明年正月，因此年的干支也要改謂明年之年干支。又閏月不管在哪個月份，月半（十四、十五、十六）一定在陽曆的過節日，因此以一〇三年的閏九月為例，九月十五日以前歸於九月，十六日以後則歸於十月，**如此的閏月分法才是正確的**。

紫微斗數命盤分為一命宮、二兄弟宮、三夫妻宮……十二父母宮。斗數十二宮彼此關係含意深遠，唯結合洛書數來說明方能理解。以下將以九宮圖表做進一步說明。

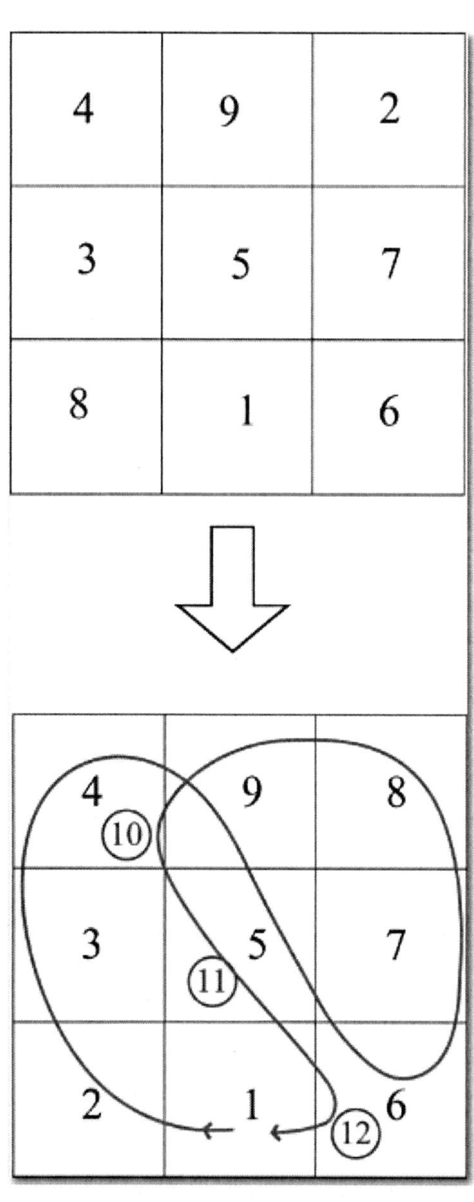

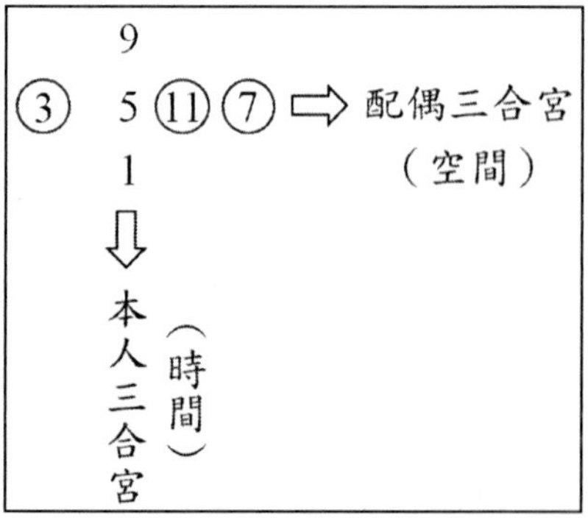

9
③ 5 ⑪ ⑦ ⇨ 配偶三合宮
（空間）
1
⇩
本人三合宮
（時間）

上圖為九宮表。俗話說：「情同手足」，往往毫無血緣關係的朋友，彼此間之情誼反而濃於一脈相承之兄弟，因此可以說朋友好似手足般親密。依據此道理，2、8因此互換。有鑒於紫微斗數概念源自於易經之易理，因此將紫微斗數十二宮納入九宮，進而與九宮之數結合，即一命宮、二兄弟宮、三夫妻宮，……，十二父母宮。故將二（兄弟宮）、八（交友宮）兩數對調。

紫微斗數命盤中，單看十二宮任何一宮來論該宮之好壞是不夠的，唯有搭配所論宮位之對宮，兩宮同時言論方為正法。好比探討財帛宮運勢時，需連財帛宮之對宮──福德宮，也一起納入參考。由此概念可知，四（子女宮）、十（田宅宮），五（財帛宮）、十一（福德宮），六（疾厄宮）、十二（父母宮），彼此兩兩互為其對宮宮位。由更深層面來看，兩對宮同時議論之觀念，亦使紫微斗數十二宮完美納入九宮表中。依其數字順序更可形成一完美循環∞，象徵萬物生生不息之道理。命宮的三合宮──一（命宮）、五（財帛宮）、九（官祿宮）代表自己，亦為時間；夫妻宮的三合宮──三（夫妻宮）、十一（福德宮）、七（遷移宮）象徵配偶為空間。時間與空間合十，彼此交織而成宇宙，宇宙之內即萬物生生不息，亦指世間萬物生命之起源。宇宙本體源於太極，太極生陰陽兩儀，二體摩盪，乃生變化。初則形成四象。繫辭曰：「易有四象，所以示之。繫辭焉。所以告之。定之以吉凶，所以斷也。」老子亦曰：「道生一，一生二，二生三，三生萬物。」九宮蘊藏陰陽之說，陰陽兩體相互激盪，變化出無限生機。

紫微 ↔ 天府

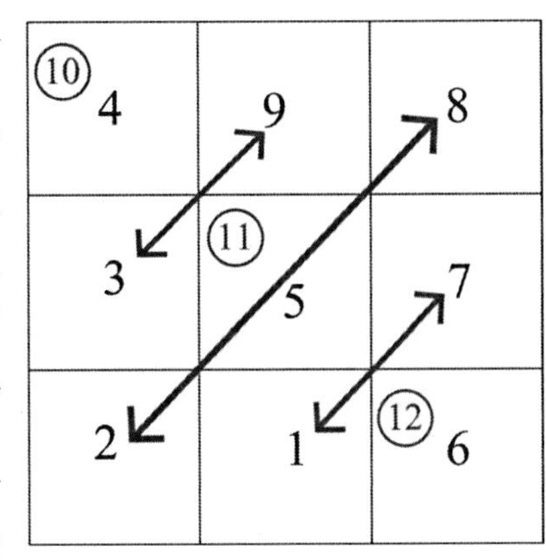

紫微斗數中，紫微與天府兩星曜之相對位置如上圖所示。唯有在左下及右上兩角落紫微、天府兩星曜同宮，其餘位置兩星曜皆為相對而視。右圖乃紫微斗數十二宮之兩兩對宮示意圖，一——七、二——八、三——九相對，四——十、五——十一、六——十二互為同宮，此乃二(兄弟宮)、八(交友宮)兩數互換所致，進而形成兩圖相對方向互換之情形。

紫微斗數十二宮之論議乃須同時結合對宮，十二化為六，亦即易理之六爻，六爻方能成大成卦，為大成卦方能卜命，才能以紫微命盤來論命。

二、安十二命宮稱

命宮安妥後，便能根據命宮定出其餘十一宮稱。不論男女均由命宮起逆轉安置其餘十一宮。

①命宮
②兄弟宮
③夫妻宮
④子女宮
⑤財帛宮

⑥疾厄宮
⑦遷移宮
⑧交友宮
⑨事業宮（官祿宮）
⑩田宅宮
⑪福德宮
⑫父母宮

交友	遷移	疾厄	財帛
官祿			子女
田宅			夫妻
福德	父母	命 →	兄弟

十二命宮稱表

陰		陽	
陰	陽	陰	陽
子女	夫妻	疾厄	命宮
交友	遷移	田宅	財帛
父母	兄弟	福德	官祿

三合　　　　　　　　三合

三、定五行局

✧納音五行

納音五行法乃將六十花甲子納音歌訣結合手掌而成之納音掌訣法。

納音五行之步驟乃由手掌上甲乙、丙丁、戊己、庚辛、壬癸順序屬之，從甲開始數至命宮干所落位置，再由此起子丑（午未）、寅卯（申酉）、辰巳（戌亥）（二地支一數），順數至命宮支之位置，但超過三組則需返回原命宮干位置續數午未（同子丑）。

為了能更清楚地瞭解此納音五行之用法，將以下表的命盤作為實例來加以說明：

此命盤為民國十八年（己巳年）七月酉時生，命盤命宮天干為乙。首先以拇指點算甲乙、丙丁、戊己、庚辛、壬癸至命宮干所落位置乙起子丑（二地支一數），順數寅卯、辰巳、午未、申酉、戌亥至命宮支之位置，但超過三組則須返回原命宮干位置續數午未（同子丑）。依此方法即可得知該命盤之五行局為火局。

己巳	庚午	辛未	壬申
戊辰	民國十八年（己巳）		癸酉
丁卯	火六局		甲戌
丙寅	乙丑	甲子	乙亥　命

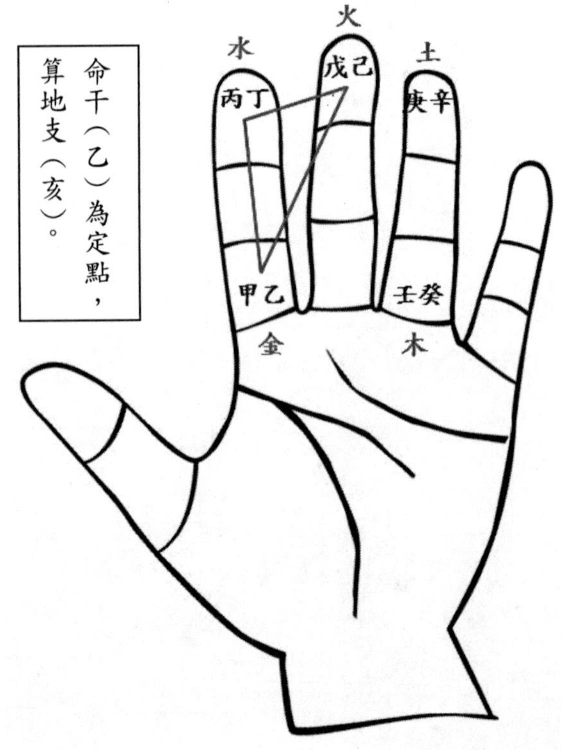

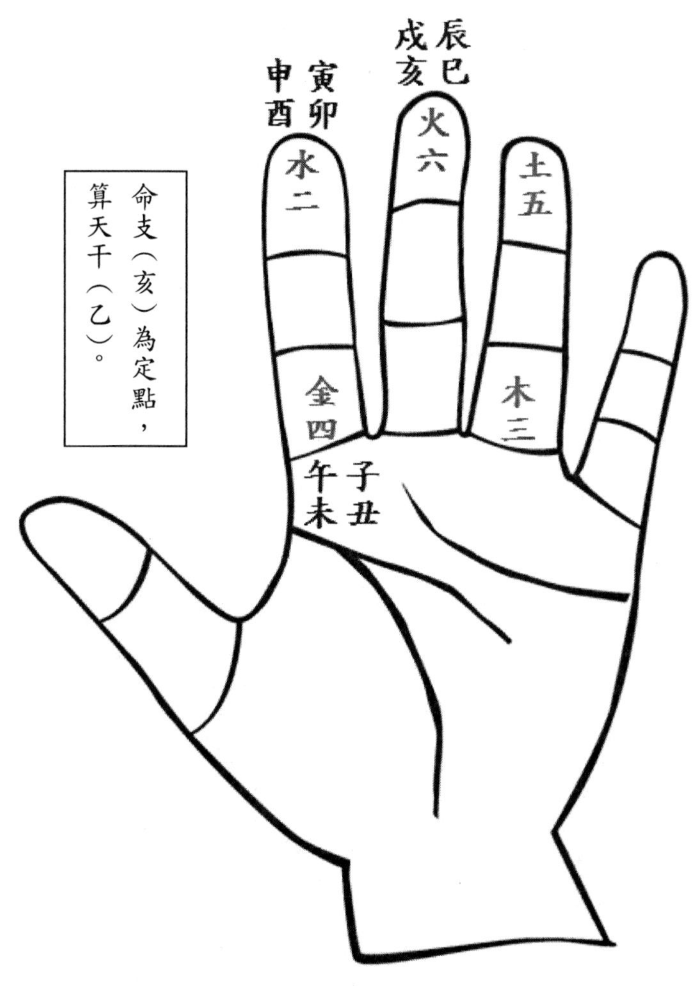

戌辰
亥巳
申寅
酉卯
火六
水二
土五
金四
木三
午子
未丑
命支（亥）為定點，
算天干（乙）。

四、定紫微星

(一)方法一

1・紫微星是紫微斗數排盤第一顆星曜。

2・紫微星是根據命造生日，依五行局的不同，而定位的。

3・公式：

以命造出生日數，加上某數（參天兩地），再除以局數，必須使生日數得以整除。如生日數除以局數恰好整除即不用加數。如整除時，以子宮起1，順數至商數所落之宮位立紫微星，如必須加數方能整除時，須看原生日數所加數是天（陽）數一、三、五或地（陰）數二、四，再由商數所落之宮位加天數者逆回所加之數定紫微，若加地數則順進所加之數（陽逆、陰順）。

$$\frac{\text{生日}+X}{\text{局數}} = Y\text{（整除）},\ X\text{爲所加之數}$$

由子宮起1，順數至Y為定點，若X為奇數（天數1、3、5），則回數所加之數；若X為偶數（地數2、4），則再順進所加之數。

例：己巳年七月二十五日酉時生之人（火六局），則25須加5才能用6除盡。

由子宮起1，順算到辰宮（商數：5），所加之數為天數5，逆回算到5，即在亥宮按紫微星。

巳			
5 辰			
4 1 卯	$\frac{25+5}{6} = 5$		
3 2 寅	2 3 丑	1 4 子	紫微 5

五、定紫微星系諸星與天府星系諸星

✧三方：在命盤中，命宮、財帛宮、官祿宮最為重要，且這三宮之位置必定位於地支的三合方。「三合方」即為申子辰、寅午戌、巳酉丑、亥卯未四組地支組合而成。以申子辰為例，當命宮在申宮時，財帛宮一定在辰宮，官祿宮必定在子宮。

根據前述定紫微系方法求得紫微位置後，即可立即得知與紫微同為三合宮之武曲、廉貞兩星曜之位置，再經由紫微與天府之相互關係找出天府位置（參考天府位置表）。開始由天府為起點，順轉時「同時」安置紫微星系與天府星系，而紫微星系依逆時鐘順序排列乃紫微的前方為天機、武曲前後分別為太陽、天同；天府星系依序則為太陰、貪狼、巨門、天相、天梁、七殺（隔三）、破軍。則排列方法依序為天府廉貞、太陰、貪狼、巨門天同、天相武曲、天梁太陽、七殺、天機、破軍。此方法乃同時安置紫微與天府兩星系諸星，不同於一般坊間書中所記載之「各別」安置紫微與天府兩星系，如此可有效避免安置時方向順序的顛倒與各星位置排列所造成之混淆。

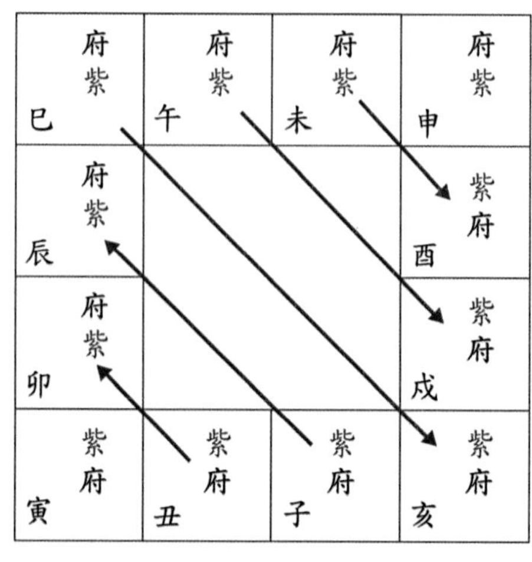

天府位置表

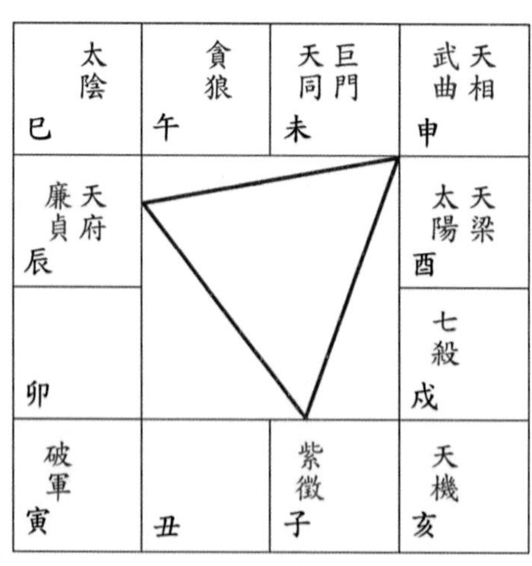

天相 巳	天梁 午	廉貞 七殺 未	申
巨門 辰	紫微在卯宮		酉
紫微 貪狼 (卯)			天同 戌
天機 太陰 寅	天府 丑	太陽 子	武曲 破軍 亥

太陰 巳	貪狼 午	天同 巨門 未	武曲 天相 申
天府 廉貞 辰	紫微在子宮		太陽 天梁 酉
卯			七殺 戌
破軍 寅	丑	紫微 (子)	天機 亥

武曲 破軍 巳	太陽 午	天府 未	天機 太陰 申
天同 辰	紫微在酉宮		紫微 貪狼 (酉)
卯			巨門 戌
寅	廉貞 七殺 丑	天梁 子	天相 亥

天機 巳	紫微 (午)	未	破軍 申
七殺 辰	紫微在午宮		酉
太陽 天梁 卯			廉貞 天府 戌
武曲 天相 寅	天同 巨門 丑	貪狼 子	太陰 亥

貪狼 廉貞 巳	巨門 午	天相 未	天梁 天同 申
太陰 辰	紫微在丑宮		七殺 武曲 酉
天府 卯			太陽 戌
寅	破軍 紫微 (丑)	天機 子	亥

天梁 巳	七殺 午	未	廉貞 申
天相 紫微 (辰)	紫微在辰宮		酉
巨門 天機 卯			破軍 戌
貪狼 寅	太陰 太陽 丑	天府 武曲 子	天同 亥

巳	天機 午	破軍 紫微 (未)	申
太陽 辰	紫微在未宮		天府 酉
七殺 武曲 卯			太陰 戌
天梁 天同 寅	天相 丑	巨門 子	貪狼 廉貞 亥

天同 巳	天府 武曲 午	太陰 太陽 未	貪狼 申
破軍 辰	紫微在戌宮		巨門 天機 酉
卯			天相 紫微 (戌)
廉貞 寅	丑	七殺 子	天梁 亥

紫微 七殺 巳（圈）	午	未	申
天機 天梁 辰	紫微在巳宮		廉貞 破軍 酉
天相 卯			戌
太陽 巨門 寅	武曲 貪狼 丑	天同 太陰 子	天府 亥

巨門 巳	廉貞 天相 午	天梁 未	七殺 申
貪狼 辰	紫微在寅宮		天同 酉
太陰 卯			武曲 戌
紫微 天府 寅（圈）	天機 丑	破軍 子	太陽 亥

天府 巳	天同 太陰 午	武曲 貪狼 未	太陽 巨門 申
辰	紫微在亥宮		天相 酉
廉貞 破軍 卯			天機 天梁 戌
寅	丑	子	紫微 七殺 亥（圈）

太陽 巳	破軍 午	天機 未	紫微 天府 申（圈）
武曲 辰	紫微在申宮		太陰 酉
天同 卯			貪狼 戌
七殺 寅	天梁 丑	廉貞 天相 子	巨門 亥

◆ 安年干星

祿存屬於年干星，且祿存、擎羊（羊刃）、陀羅彼此緊連不分離，始終維持祿存在中間，擎羊、陀羅坐落於其前後。由於三星彼此息息相關，且祿存為財星、擎羊與陀羅分別代表了煩惱與糾紛，因此在紫微斗數命盤中佔有極重要之地位。

由於祿存為年干星，因此依據生年天干可得知祿存安置位置，進而擎羊與陀羅隨即而知。以下為生年天干相對於祿存位置安置之對照（四庫裡無祿存星）：

丙 戊 巳	丁 己 午	未	庚 申
辰	祿存定位後，前羊刃、後陀羅		辛 酉
乙 卯			戌
甲 寅	丑	癸 子	壬 亥

◆安年支星：火星、鈴星

火星、鈴星排法，依生年支而有所不同，較之複雜。由左表中之生年地支為定點。

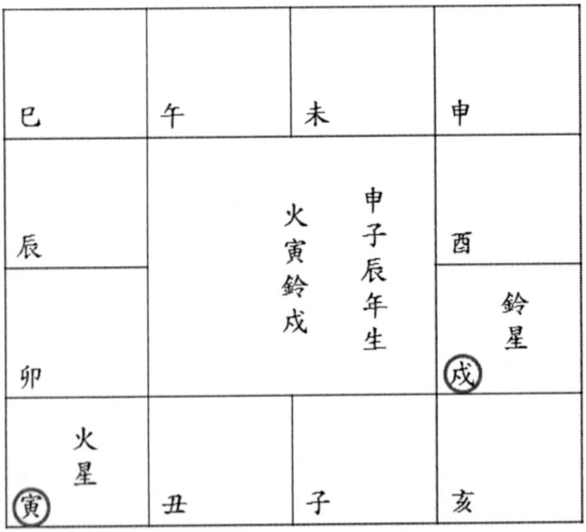

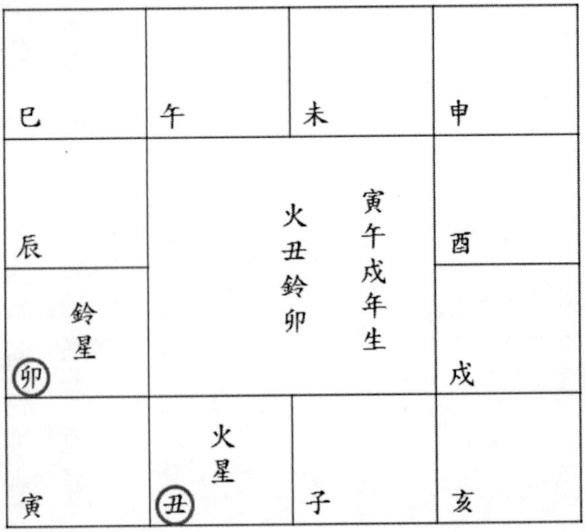

巳	午	未	申
辰	申子辰年生 火寅鈴戌		酉
卯			鈴星 ㊂戌
火星 ㊂寅	丑	子	亥

巳	午	未	申
辰	寅午戌年生 火丑鈴卯		酉
鈴星 ㊂卯			戌
寅	火星 ㊂丑	子	亥

註：現代一般斗數書在安火星、鈴星皆由上表的定點，再加上生時做順時針安置。

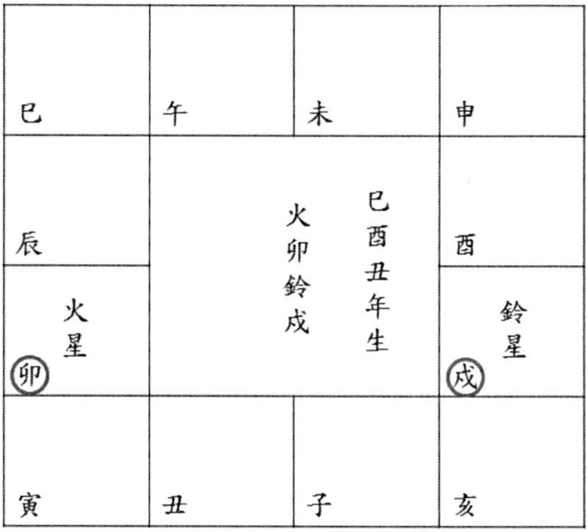

巳	午	未	申
辰	巳酉丑年生 火卯鈴戌		酉
火星 (卯)			鈴星 (戌)
寅	丑	子	亥

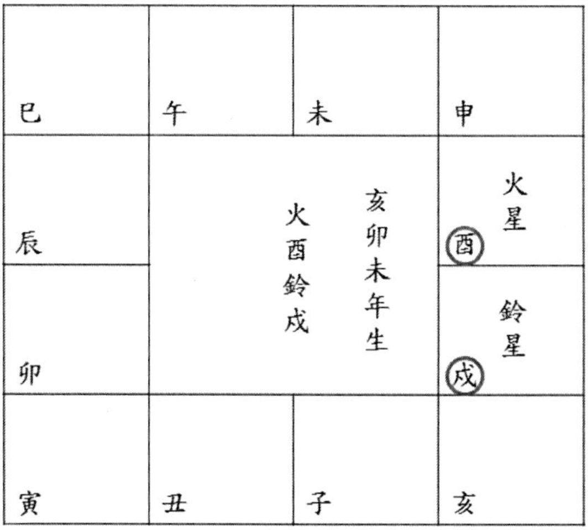

巳	午	未	申
辰	亥卯未年生 火酉鈴戌		火星 (酉)
卯			鈴星 (戌)
寅	丑	子	亥

◆安月系星：

◆左輔星、天刑星、天姚星

左輔星為輔佐之吉星，左輔乃在辰宮起正月，順數到生月加二。天刑星是從酉宮起正月，順數到生月加二，即為天刑星之位置；天姚星在丑宮起正月，順數到生月加二，即為天姚星之位置（天刑、天姚永在三合宮）。

由於左輔星、天刑星及天姚星皆為順時鐘旋轉，因此此三星曜皆為一體，所以在星曜的排法上必須將此三星曜一起排列；當左輔星坐落命宮時，天姚星坐落於子女宮，而天刑星則為其交友宮，由此可以知道天姚星與天刑星乃為左輔星之子弟兵，所以在排盤的時候，天姚星與天刑星乃跟著左輔星運行。

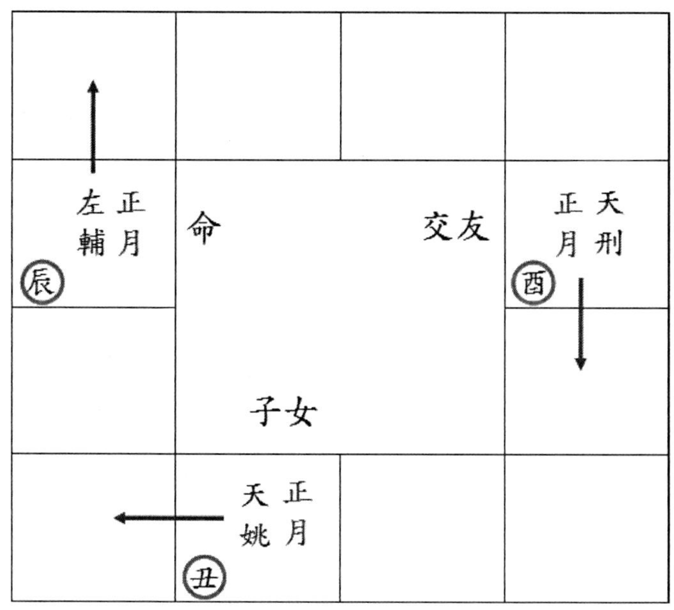

左輔
正月
辰
命
交友
正月
天刑
酉
子女
天姚
正月
丑

◆右弼星、紅鸞星

所謂「紅鸞心動」，紅鸞星乃指男女喜慶之事。卯時乃天將亮之時，謂之陰陽界線。因此紅鸞星之起法由卯宮定子月，逆數至生月加二的那一宮，即為紅鸞星位置。

右弼星為輔佐之吉星，右弼星乃在戌宮起正月，逆數到生月加二。

在此書當中，右弼星與紅鸞星皆為逆時鐘旋轉，因此必須將此兩星曜看成是一體的，當右弼星坐落命宮之際，紅鸞星則為其交友宮，由此可知，右弼星乃帶動著紅鸞星運轉。

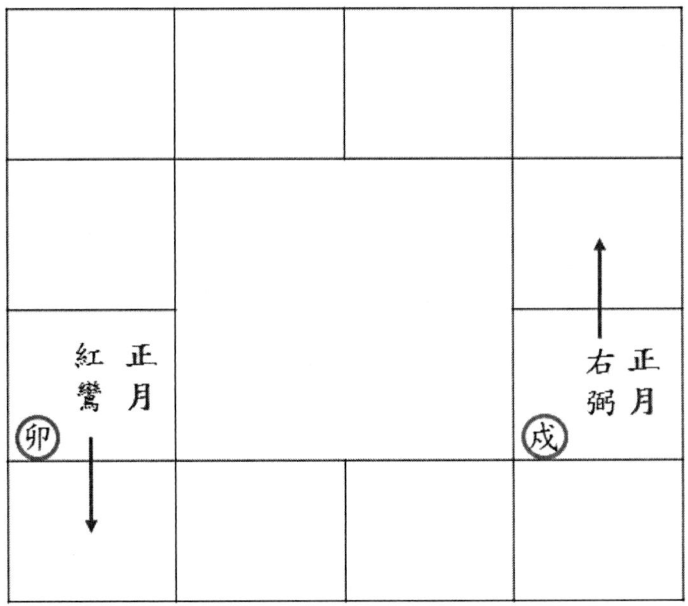
正月
紅鸞
卯
正月
右弼
戌

◆安時系星

時系星乃依命造出生之時辰所排列而成之星曜。時系星共有文昌星文曲星、天空星地劫星。

◆文昌星、文曲星、天空星、地劫星

由左圖可知，文曲星與地劫星皆為順時鐘方向旋轉、文昌星則與天空星皆為逆時鐘方向旋轉，因此在星曜排盤的時候，須將文曲星與地劫星看成一組，而文昌星則與天空星為另外一組。

文曲星由辰宮起子時，順算到生時，而地劫星由亥宮起子時，順算到生時；文昌星乃由戌宮起子時，逆算至生時，天空星則由亥宮起子時，逆算至生時。

當文曲星坐落命宮時，地劫星乃位居其疾厄宮；當文昌星坐落命宮之際，天空星則為其父母宮，因此在星曜排盤中，地劫星伴隨著文曲星走，而天空星則跟文昌星走。

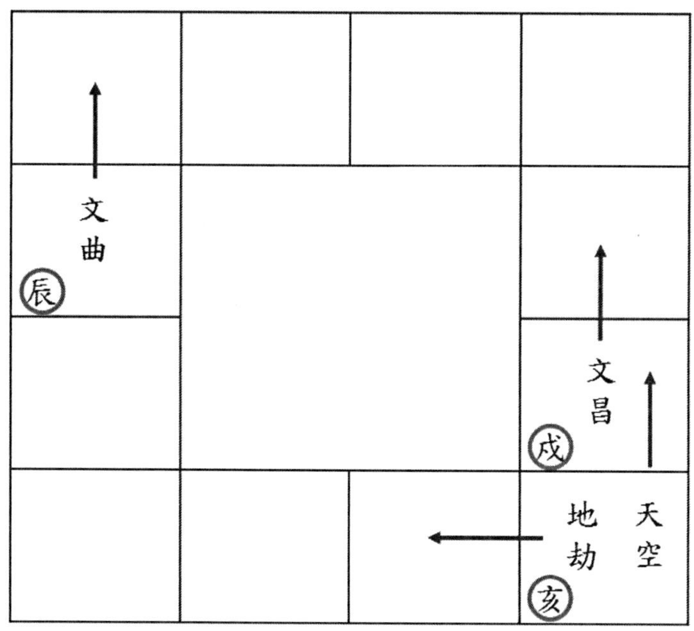

六、起大限（現今所有紫微斗數之按法）

大限：首先須瞭解陰陽男女。

無論陰陽男女，皆以命宮為童限。

第一大限：陽男陰女順行，即以父母宮為第一大限順序行之；

陰男陽女逆行，以兄弟宮為第一大限，逆行安之。

陽男陰女：從命宮的前一宮算起（是父母宮）。

陰男陽女：從命宮的後一宮算起（是兄弟宮）。

七、起小限

小限的排法乃根據於生年支，例如亥年生，則對照左表可知，此命造的小限，一歲、十三歲、二十五歲……，在丑宮。

須特別注意的一點為小限不分男女，皆為逆轉。

生年支	小限宮位
申子辰	戌
寅午戌	辰
巳酉丑	未
亥卯未	丑

範例：寅午戌人起辰宮、申子辰人起戌宮、巳酉丑人起未宮、亥卯未人起丑宮。

八、起流年

由前述可知，每十年為一大限，然而流年即意味著某一年（也就是指某歲）時的運勢，以一年為單位。與小限不同的是流年不分男女，一律為順轉。

九、安童限訣

《紫微斗數全書》

「一命二財三疾厄　四妻五福六官祿

餘年一派順流行　十五命宮看端詳」

有鑑於現今許許多多的人對於紫微斗數全書裡面安童限訣多有誤解，因此以下將會針對安童限以及大限的起法做一個詳細的說明與講解：

首先，我們要清楚地知道紫微斗數裡面所講的安童限訣的真正含意為何，讓我們以此一詩句來做個說明（古法新用），

「一命二財三疾厄　賜（四）官五福六回命
至十五歲是童限　十六成年屬大限」

由此可以知道，大限的起法，除了童限（命宮）仍然維持從一歲至十五歲之外，之後的第一大限、第二大限，……，則以五行局局數為大限之起始。以下將列出水二局、木三局、金四局、土五局，以及火六局之大限起法；

◆水二局：第一大限——十二歲至二十一歲，第二大限——二十二歲——三十一歲，第三大限——三十二歲至四十一歲，第四大限——四十二歲至五十一歲，以此類推。

◆木三局：第一大限——十三歲至二十二歲，第二大限——二十三歲——三十二歲，第三大限——三十三歲至四十二歲，第四大限——四十三歲至五十二歲，以此類推。

◆金四局：第一大限——十四歲至二十三歲，第二大限——二十四歲——三十三歲，第三大限——三十四歲至四十三歲，第四大限——四十四歲至五十三歲，以此類推。

◆土五局：第一大限——十五歲至二十四歲，第二大限——二十五歲——三十四歲，第三大限——三十五歲至四十四歲，第四大限——四十五歲至五十四歲，以此類推。

◆火六局：第一大限——十六歲至二十五歲，第二大限——二十六歲——三十五歲，第三大限——三十六歲至四十五歲，第四大限——四十六歲至五十五歲，以此類推。

紫微斗數全書中有提到安童限訣，【安童限訣】：「一命二財三疾厄，四妻五福六官祿，餘年一派順流行，十五命宮看端詳。」儘管紫微斗數全書中將安童限的起法寫的如此清楚，然而現今許多的解釋及說明卻是多有誤解之處，以下將會作一詳細的解說：

所謂的童限，不單只是一歲看命宮、二歲看財帛宮、三歲看疾厄宮、四歲看夫妻宮、五歲看福德宮、六歲看官祿宮等六年童限而已，真正意思乃是指童限是從一出生開始，一直到十五歲的這段期間，皆是指童限，只是最初的一歲至六歲之命，則須分別以其相對應之宮位來參看。

然而，有一個非常重要的地方需要特別的注意，由於為了因應童限乃是從一歲至十五歲，因此水二局、木三局、金四局、土五局、火六局的第一大限，皆從十六歲為起始，也因為如此，除了火六局不會與童限有所重複，其餘水二局、木三局、金四局、土五局皆會與童限有四年、三年、兩年、一年的重複，然而如此之情況卻是非常的合情合理，儘管事情的發生乃以每一個大限來作區分，但是有些事情卻會延續到兩個大限，好比說從命盤中看出某人的第一大限會開始有健康方面的問題，然而病症這種東西絕非一夜之間就有的，一定會有好一段時間的潛伏期，因此就算是第一大限開始有所症狀，但是此症狀勢必從前一大限（童限）的後期就開始有所徵狀，有鑑於此，水二局、木三局、金四局、土五局在觀看第一大限之際，則須要搭配與童限重疊之期間，方能精準、確切掌握。

備註：童限（一歲至十五歲）之後開始的大限（第一大限、第二大限、第三大限……）起法，乃參照紫微斗數全書當中所述之方法：

【安大限訣】：陽男陰女從命宮前一宮（父母宮）順行，陰男陽女從命宮後一宮（兄弟宮）逆行。

◆流月排法

流月的排法乃從流年命宮算起，逆時鐘方向數到生月，再由生月落入的宮位起子時，順時鐘方向數至生時，此宮位即為流月一月的所在位置，亦稱作「斗君」。

而用生年地支做為定點，進而算出斗君所坐落之宮位，就是流年的斗君。

第四章　諸星性情

紫微斗數是由二十八星曜、十二宮位，以及四化所構成，缺一不可。諸星性情述說著每顆星曜的特質與個性，藉由將每顆星曜獨特的性質呈現出來，方能進一步豐富紫微斗數的內容：每顆星曜皆有其獨自的特性與性情，然而不同的星曜相遇一起卻又有著變化多端的含意，有鑑於目前坊間斗數書籍在星曜的介紹上已經著墨甚多，甚至多到有點繁瑣，因此本書的諸星性情將只針對與易理相關的來作說明，希望能藉由篩選及簡化過後的描述，提供給初學者一個便利、易學的內容，不要因為一開始接觸到繁瑣雜亂的星曜性情而不得其門而入，最終失去了學習斗數的樂趣，這將會是多麼可惜的一件事。

紫微星系

✧ 紫微星：

紫微潛龍有帝德，隱居避世無煩悶，
喜好輔弼為相佐，天相昌曲有作為，
父疾兄友主勞碌，逢忌妻子無幫扶，
擎羊火鈴諸惡共，帝為無道敗家園。

紫微星為乾卦初爻，意謂著潛龍勿用、深藏於深淵，使人不容易與之親近、接觸。若無吉星（左輔星、右弼星、文昌星、文曲星）照、合、夾或扶，同時又見煞星來會時，則會讓人抱怨連連、滿腹牢騷、事業難成，因此適宜從事公家機關或是民營企業等穩定工作為佳。

當紫微星化權入命宮時，代表此人在工作上具備獨當一面的能力，且手中握有實際的權力；然而當紫微星化權的同時，位居三合宮的武曲星亦化忌（位居財帛宮），因此不適宜自己獨自創業、經商，容易造成破財、失敗。

紫微星化科時，能將紫微星原本的自負、愛恨分明、任性、主觀等缺點淡化，亦能增加本身的名氣及聲望（學問或研究有所成）。

✧ **天機星：**

天機現龍有作為，敬中信養德施普，為人服務技術好，不宜創業與經商，無惡虐不仁之心，有靈變機謀之德，逢吉為吉凶為凶，女命逢之主為福。

誠信、真摯、正直的個性；謹慎、認真、負責的態度，猶如龍現於田野上，開始嶄露頭角；亦如有德行的君子，開始施德於民。天機星主足智多謀、聰明有智慧，適宜從事策劃、輔佐等角色與工作。

天機星乃為德性開始嶄露的君子，因此容易受相會之星的性質影響。與輔星同度則能增加本身策劃的能力，做出正確、果斷的決策；與煞星相逢則會擾亂決策的判斷，做出錯誤的決定，因此天機星對煞星具有高度的敏感。

假使太陰星戊干化權入命宮，父母宮為貪狼星化祿，而天機星則是化忌入事業宮，此時需注意會有事情讓你傷透腦筋、用腦過度，進而鑽牛角尖在此事上，卻忽略了其他更重要的工作；亦或自命非凡、覺得自己總是懷才不遇，沒有適合的舞臺供他發揮長才。

✧

太陽星：

自強不息如太陽，進德修業養道義，
不驕不憂無災咎，先勤終惰成後敗，
喜會梁祿及文昌，忌逢四煞劫財空，
女人坐命丈夫志，靈活週旋異性中。

太陽星為位居乾卦九三之職位，唯有終日保有孜孜不倦的工作態度、時時警惕自身的行為、舉止，方能有所成就，獲得晉升的機會；相反地，如果態度懶散、不積極，則工作上將不受重視，嚴重甚至會遭受降職。

太陽星位居命宮之人，在工作、事業上努力不懈、認真進取。位居職務上位者能夠謙虛待人、虛心受教；位居職務下位者則隨時保持警惕、戰戰兢兢的態度行事，如此一來即便遭遇挫折、危機之際，也能大事化小、沒有災咎。

太陽星為人勤奮、剛強、謹慎、光明、博愛、正直、誠信。

太陽星辛干化權，主工作能力強，但難免個性更加固執、強硬，這點則是需要特別注意的。

✧ **武曲星：**

武曲識時知進退，前進躍升無過咎，
過剛易折所疑懼，四化齊全趁時機，
武破守命多手藝，武殺居財業特殊，
忌遇四煞破家財，終身勞碌定無成。

武曲星為乾卦四爻，乃為陽爻位居陰位，屬於不在正位，因此當武曲星坐落命宮的時候，需特別注意自己言行、謹言慎行，時時刻刻堅守著正道，運勢、前途方能順遂、亨通。

武曲星坐命宮主個性剛硬，執行能力強；化祿主財富來源較為順遂，化科則主獲得名聲、聲譽，財富來源屬於平穩之財。

武曲星化祿科可解本身冰冷、剛硬的個性；化權則主創業，但是特別注意是否化權入疾厄宮，主有意外之災。化忌主孤僻，孤獨的性格最忌入六親宮，容易與六親宮的人感情疏離、不親。

「武昌鈴陀，限至投河」這個格局往往是因為自己的所作所為所造成的結果，因此如何化解這個壞的格局，最終的方法還是需要從改變自己做起。

✧

天同星：

天同聖作萬物覩，龍從雲而風從虎，
禮賢尊賢而用賢，博施濟眾天下治，
福星遇煞勞碌命，六惡年輕難如意，
軟弱享樂安逸人，保守成規難創意。

天同星乃為乾卦九五君王之位，因此天同星主福星，當坐落在哪一宮，福氣自然而然就會來到這一宮所屬的人、事、物上。個性上樂觀、懂得享受，因此對於朋友好壞的抉擇上較不擅長。由於天生樂觀、喜享受，因此更需要固守本業或是家中留下來的祖業；避免任意、隨性地變換事業。

天同星化權有助益於創業；化科則主福氣；化祿則偏食祿、享受。

天同星守命宮，且逢四煞星曜來會時，反而能降低天同星的依賴性，激發出獨立、奮發的能力。

與左輔星、右弼星同度時，雖然能得到輔星的助益，卻也會同時加重了天同星依賴、懶散的本性；與陀羅星同度者，主事業發展到一個階段時則發生變動；與火星、鈴星同宮時，主焦慮，需要經歷過一番辛苦、努力後方能有所成就；遇天空星、地劫星則需建立獨特的個人風格與魅力。

✧

廉貞星：

廉貞高亢有悔恨，驕傲自滿不長久，
聖人能知進與退，永遠不失堅守正，
身命會吉則福應，賭博迷失起是非，
最怕化忌遇四凶，變化多端作禍殃。

廉貞星為乾卦上九：亢龍有悔；正所謂「物極必反」，做任何事情如果只是一昧地橫衝直撞、不加思索，就會因為欠缺週詳、謹慎的計劃，導致錯誤的決策發生；以經營一家店面為例，當決策者尚未收集好擴展店面時所需考量的人力成本，以及客源年齡層等分析資料前，就一股腦將資金全部投入，必定會招來虧損與失敗。

乾卦上九位居九五君王位之上，儘管手上已無實際權力，然而過於高亢的地位卻會為之帶來禍害。因此當廉貞星獨守命宮時，態度上不可以過於高傲、自大，否則將會招來失敗及災害的。

廉貞星坐落命宮者，個性強硬、好勝心強，記憶力強，屬於投機取巧的聰明，切忌不要被本身的聰明所誤，進而走向不正當的道路。

廉貞星喜歡與祿存星相會，主富有；與天刑星、四煞星同度則主刑訟糾紛，甚至遭遇入獄服刑的處境。

天府星系

✧ 天府星（離卦）：「離，利貞，亨。畜牝牛，吉。」

天府離卦利貞亨，清秀俊麗有毅力，
紫科權祿富貴全，快樂優悠度一生，
羊陀火鈴來沖照，空劫同臨路艱辛，
重利輕義好計較，喜好花費重享受。

【說卦】：「離卦為中女、為火、為日、為電、為大腹、為光明亮麗。」

天府星之人自負、喜好管人，但不喜歡被人管；天府星為祿庫、財帛星曜，因此容易重利輕義。

當天府星坐落命宮，貪狼星一定位在福德宮，主慾望多、喜好享樂，如能認真學習、研究禪學、宗教與命理等領域之學問，假以時日將會有一番成就。

天府星是衣食星，因此對於自己外在打扮、生活用品都會較為華麗。

當天府星逢四煞時，容易有喜好花費、注重享受的情況發生。

✧ 太陰星（坤卦）：「坤、元、亨。利牝馬之貞。君子有攸往，先迷，後得主利。西南得朋，東北喪朋。安貞，吉。」

太陰坤卦為母親，先迷後得安貞吉，
柔順耐勞育萬物，牝馬毅力無窮盡，
博學多聞技能佳，祿存左右富貴翁，
喜逢昌曲與三吉，勞碌奔波逢惡煞。

【說卦】：「坤為地、為母，萬物皆致養焉。為順、為腹、為文、為吝嗇、為子母牛。」

坤卦為大地、為母，因此能夠包容、蘊含萬物，亦比喻為胸腹；礦物藏於土裡，因此主吝嗇；坤卦為子母牛，在古代牲畜乃是生財工具、財富的象徵，因此為財帛主、亦為田宅主。

恆卦䷟的第五爻（六五）有云：「恆其德貞，婦人吉、夫子凶」。象曰：「婦人貞吉、從一而終也，夫子制義、從婦凶也。」在古代的時代背景裡，社會的主權掌握在男人身上，從一而終的順從乃是當時女人的一大美德；然而對於當時的男人而言，求功名、拼事業，往往需要果斷的判斷與抉擇，如果採取了柔順依循的態度，將無法在事業上闖出一番大成就，因此男命坐太陰星是不吉的。這種說法是在古代男尊女卑、夫唱婦隨的環境背景下（三千年前的封建思想）所產生的，並不適用於現今的社會裡；在追尋正統、純正的紫微斗數古法之際，仍須考慮到古法今用的重要性，而不是一昧地沿用卻不知變通。

太陰星化忌（乙干）者，主懶散，在精神面上較為神經質，亦有長時間的精神苦悶與感情受挫；化忌再遇煞，容易受外來引誘而受騙破財。

✧ **貪狼星（兌卦）：「兌，亨，利貞。」**

貪狼兌卦亨利貞，剛中柔外心悅服，
入於命身多才藝，能言善道守禮節，
貪廉同宮無吉曜，迷戀花酒以傷身，
若遇四煞空刼忌，家破財失易惹禍。

【說卦】:「兌，悅也、為口、為少女、為澤、為巫、為口舌、為毀折、為妾。」

兌卦為少女、為巫祝、為口舌、為妾、為毀折。兌，喜悅也。在人生的道路上如果能夠遵循著正道，正正當當的做人、秉持著喜悅、欣喜的態度與人相處，並且面對迎面而來的困難，則能夠有所收穫、成功；反之，若是以巧言令色、飲酒作樂等物質、表面的喜悅來處事待物，最後終將走到家破財失的地步。

貪狼星入命宮，代表此人對任何新奇的事物皆有興趣去嘗試；坐落財帛宮則喜歡錢財，容易因為不知足、貪婪的個性而一昧地貪圖富貴。

貪狼星化忌主好賭博，容易有災厄發生；與文昌星、文曲星同度則喜愛吹噓自己的能力，舉凡工作、經濟能力等，屬於華而不實的類型。

✧

巨門星（巽卦）：「巽，小亨，利有攸往，利見大人。」

巨門巽卦能小亨，利有攸往向前程，
坐命是非變化多，吉凶福禍難預測，
性較疑惑富研心，喜化祿權名利收。
四煞刑劫與化忌，做事顛倒惹禍因。

【說卦】：「巽為股、為木、為風、為長女、為高、為進退、為卑順、為不果、為利市三倍。」

巽卦為風，風的特性則是無孔不入，只要有縫隙皆能進入，因此巨門星坐落命宮之人，對環境的適應能力佳、能馬上在新環境中進入狀況。擁有此特質的人在經營與創業上能更快適應市場、瞭解市場的需求，進而快速地做出決策，在事業獲利方面是很不錯的。

巽卦，代表著謙恭、順從，如果能維持如此謙遜、有禮的態度，則會受到眾人的愛戴。然而巽卦代表著風，風的特性乃在於不管香的味道，抑或是臭的味道，皆毫無篩選地傳達、遞送，這種現象在人的身上則意謂著，無論好的言語抑或壞的言論，皆會毫無選擇的將這些話語傳達出去，也因此巨門星坐命宮的人，常常會招惹來一些由口舌引起的是非與糾紛。

巽卦在說卦中有著不果的意思，因此巨門星位居命宮之人，會有遲疑、猶疑的個性，無法果斷地作出決定及判斷。

巽卦亦指進退，因此巨門星在命宮之人，將懂得如何在險惡的環境中察言觀色，並且以退為進、居安思危。

巽卦為近利市三倍，因此當巨門星位居命宮的時候，天梁星永在福德宮，主有偏財運；而七殺星坐落田宅宮則主有橫財。

巨門星坐落命宮之人，所學甚廣、無所不學，但也因為無法專心一致，因此少有成就；若能專心致力於一項，則成就非凡。

✧天相星（震卦）：「震、亨，震來虩虩，笑言啞啞。震驚百里，不喪匕鬯。」

天相震卦為長子，震懼修省保安裕，
發奮勤勉突困境，成功喜悅笑哈哈，
天相廉貞若同度，從商為宜不從政，
武曲羊陀火鈴會，易惹災禍傾家財。

【說卦】：「震卦為雷、為長子、為動、為足、為驚、為行為、為決躁、為善鳴、為躁急。」

天相星位居命宮之人，如果能以戰戰兢兢、戒慎恐懼的心情及態度來處世待物，將能有效突破眼前的困境與挫折，最終獲得欣喜的成功果實，享受成功所帶來之福份。

天相星為福星，主不愁吃穿；為官祿主，偏文書方面。天相星與文昌星、文曲星相會時，可添增該人才藝、藝能方面的能力，如果又見化忌及羊刃星、陀羅星，則有懷才不遇、孤芳自賞的情況出現。

天相星為人緣星，與左輔星、右弼星、文昌星及文曲星同度時，主桃花運旺盛、追求的人數多，然而旺盛的桃花運對於婚姻卻是一種破壞，破壞穩定婚姻狀況的一個很大的因素，因此適宜晚婚。

✧

天梁星（乾卦）：「乾，元亨利貞。」

天梁乾卦為父親，元亨利貞福壽長，
陽梁昌祿最上格，典試競爭得第一，
子午化祿最為忌，陰謀相害傾家財，
羊陀火鈴空劫刑，易遭他人之怨恨。

【說卦】：「乾卦為天，尊榮在上；為父、為首、為直、為大、為富。」

乾卦為天、為父、為君，因此行事作風多具有老大、主管、長輩的風範，在個性上剛強火烈、好面子、原則性強（太過於堅守自己所謂的原則、準則，容易造成與人相處上的隔閡，因此是孤忌的）、喜歡出風頭，在學識、學問上容易自命非凡、不可一世。

天梁星化祿、化權則主重排場、好賭，也因此較不重視錢財。

天梁星化祿主好吹噓，吹噓的結果勢必會傷害人與人相處間的誠信，也因此天梁星化祿坐落命宮者，不適宜經商，亦不利於從事賭博行為。

天梁星忌諱與羊刃星、陀羅星相會，主好賭博；天梁星最忌與陀羅同度，主缺點多、孤忌性情最為嚴重。

◇七殺星（坎卦）：「習坎，有孚，維心亨，行有尚。」

七殺習坎維心亨，行有嘉尚往有功，

剛愎自用性倔強，處事霸道難親近，

左右昌曲權祿高，二限逢凶遭破敗，

路上埋屍殺拱廉，臨命會煞福不全。

【說卦】：「**坎卦為水、為中男、為隱伏、為加憂、為心病、為耳痛、為血卦、為月、為盜、為險陷、為多災眚、為堅多心、為酒。**」

坎卦又為心，因此內心有慚愧之情。

將叛者其辭慚，近而不相得，因此背叛；坎卦為隱伏，將叛，坎卦為隱伏，隱伏在下則為險陷、多災，也因此七殺星之人個性勇敢、敢冒險，對於新事物勇於嘗試，相對地亦容易遭受刑傷而導致受傷、流血。

七殺星擁有堅強的意志力，勇於面對迎面而來的艱難與困境，另一方面倔強的個性亦是七殺星的特質；七殺星敢衝、敢冒險，擅長開創事業但卻不善於經營、管理。

七殺星最忌畏羊刃星、陀羅星來會，容易造成成敗起伏劇烈、血光之災、淪落為黑社會的機率大；與天空星、地劫星同度則會造就出孤僻的性格；命宮與左輔星、右弼星、文昌星、文曲星四輔星同宮時，能成為手中握有實際權力的主管、上司。

✧ 破軍星（艮卦）：「艮其背，不獲其身，行其庭，不見其人，无咎。」

破軍星屬艮為山，萬物之所終而始，君子思不出其位，富貴貧賤難動心，時行則行適時動，很戾不進失良機，六親緣薄多挫折，奔波勞碌遇四煞。

【說卦】：「艮卦，止也、為手、為少男、為山、為萬物之所成終而所成始。」

艮卦為少男、為山，因此個性堅定果決；為止為終始，既是終點，亦是起點的開始，因此人際關係上沒有永遠的朋友，也沒有永遠的敵人，破軍星位居命宮之人，永遠只會堅持自己的論點、總是覺得自己的想法才是正確的，當別人與自己的看法有所出入時，則會據理力爭，因此容易與六親宮的親人感情疏離。

破軍星坐落命宮且逢煞星者，能以本身一技之長的技藝賺取生活所需，但須切記如果拋棄自己的長才、技能，進而轉換跑道從事商業經營，或是轉戰政治生涯，都將一事無成；會天空星、地劫星時，則一生中必有一次大規模的破財，因此在投資、經商、創業上需特別注意。

當破軍星與文昌星化科同宮時，主該宮之人聲名遠播；若是與文昌星、文曲星化忌同度時，主本身才華洋溢、經綸滿腹卻懷才不遇，無法有效地貢獻所學。

四輔星

✧ **左輔星：**

左輔穩重又慷慨，紫府祿權武貪會，

主文又武大富貴，助人為樂不清閒，

左昌會吉居尊位，火忌沖破富不久，

左輔坐命刑姚隨，坐三感情易困惑。

為相佐之星，能增強主星聲勢與威力，也因此主辛勞、勞碌，無法好好享清福。

主人相貌厚實、穩重、沉穩、大方、隨和、有文學修養，且態度樂觀進取、慷慨、重感情。

與陀羅星相會者，難以實現自己的抱負。

左輔星坐落命宮時，天姚星永在子女宮，天刑星永在奴僕宮。因此當左輔星位居夫妻宮時，天姚星則在疾厄宮，天刑星則在田宅宮，因此感情方面容易感到困惑。

✧ 右弼星：

右弼機謀好施濟，心懷耿直度量宏，
文墨精通武功好，不畏一切艱難事，
忌殺福薄亦不凶，帶有桃花須防患，
最喜入坐財帛宮，不管凶星亦有財。

右弼星主度量寬宏、擅長於文墨、機智多謀、樂善好施。

右弼星守命宮者，主精通文墨。

當右弼星坐落命宮時，紅鸞星永遠位居交友宮（奴僕位），此時如果右弼星又與同梁（天同星、天梁星）、機巨（天機星、巨門星）、武曲星、天同星相會的話，容易有感情上的糾葛。

◇左右同宮：

左右夾吉為上品，單守命宮無佐力，同宮非常有力量，凶星來臨亦無妨，單獨一凶左右夾，能去其惡向正途，可制空劫火鈴忌，左右貞羊遭刑盜。

✧ **文昌星：**

文昌坐命好文藝，幽雅清秀記聞博，
陽梁昌祿利考試，化忌課業志難伸，
昌貪坐命若化忌，慎防情騙而失身，
流年化科能升遷，工作轉換好時機。

主科甲，文學藝術方面之功名；文昌星的才華偏向於學術、理論等較為正式之文藝。

當文昌星坐落命宮且遇化忌時，主課業、成績上的表現不佳，本身的才能難以發揮。

文昌星坐落命宮之人，主個性幽默、磊落光明、多才多藝。

當文昌星坐落命宮時，天空星則永在父母宮，化忌主文書方面的失誤，在商場上容易收到空頭支票，亦或是遭遇到對方毀約的情況。

「武昌鈴陀，限至投河」的格局皆是因為自己的所作所為所造成的結果，因此唯有改變自己的態度與思維，方能跳脫武昌鈴陀的影響。

✧ 文曲星：

文曲清秀人聰明，能言善辯才學博，
祿文拱命有聲譽，表現卓越外交人，
文武二曲有將才，如再化科名遠播，
巨門同宮感情煩，廉殺羊陀主詐偽。

主科甲，但以口才與命相、神學、玄學等精神類的藝術類型為主。

文曲星為舌辯之星，不喜歡與巨門星同宮，容易有感情方面的煩惱。

當文曲星與武曲星同宮時，主有將才之相，如果再化科則代表聲名遠播。

陽梁（太陽星、天梁星）亦或是天梁星與文曲星化忌同度者，適合從事於公共服務相關的行業，然而因為文曲星化忌的關係，不僅會帶來名譽，亦會伴隨著謠言、毀謗。

女命文曲星化忌入命宮、夫妻宮與福德宮時，容易有金錢上的損耗及感情上的問題發生。

✧ 昌曲同宮：

昌曲二星司科甲，文藝素養有辯才，
昌曲夾命最為奇，祿文拱命富且貴，
昌曲化忌名不佳，事業發展亦受阻，
日月安命丑未宮，四輔相夾命貴顯。

十雜星

✧ 祿存星：

祿存守於命身宮，財帛田宅皆主富，

獨守命宮守財奴，逢吉逞權遇惡敗，

遷移三合居逢吉，必然白手起家基，

最嫌空劫不為福，更湊火鈴安巧藝。

主財祿，但不宜獨守，容易成為守財奴。

祿存星位居命宮者，具有上進心、能吃苦耐勞；如果祿存星會煞星，且過於保守、謹慎時，則容易有吝嗇的情形出現。

祿存星忌與天空星、地劫星、火星、鈴星同度，主生活艱難、困苦，如能以一技之長謀生最為實在。

祿存星與化忌同宮時，則會造成「羊陀夾忌」，主因外在事情來破財。

祿存星前後永遠伴隨著兩凶星（羊刃星、陀羅星），也因為財產永被兩凶星包圍、守護著，因此主孤獨。

✧擎羊星：

擎羊剛強性粗暴，機謀好勇主權勢，
火星同宮現威力，位居卯酉作禍殃，
不利婚姻增辛勞，吉星相助則無碍，
廉貪巨門逢減色，終歸刑傷與挫折。

主刑傷、性情粗暴、沒有耐性，適宜從事軍警、外科醫師、雕刻或是工程技術等領域；不宜從事政治之路、文職與經商。

羊刃星遇天空星、地劫星，主有意外災害發生。

◇ **陀羅星：**

陀羅剛猛又固執，橫破橫成不守業，

一生麻煩多是非，困擾忙碌不停休，

猶豫拖延失良機，貪狼酒色以成磅，

會吉鬧中能賺錢，加煞勞碌招禍害。

陀羅星坐守命宮者，主個性沉悶、拖延、固執，且奔波、勞碌。陀羅星不喜與巨門星同度，容易有是非纏身；與天相星會則主猶豫、意見反覆不定。

✧ 火星：

火星煞將不可臨，個性氣浮人剛烈，

貪狼會合富可期，三方無破中後興，

紫羊同宮能抵制，突發開創有特殊，

逢煞無吉虞傷殘，女人婚姻生波折。

火星坐落命宮之人，個性急躁、火爆、衝動，常常不經思考就一股腦地說出口，因此容易得罪人而不自知。

火星喜與左輔星、右弼星相會，主擁有財富、權力在手；與貪狼星同宮則主有魄力。

火星在交友宮與左輔星、右弼星相逢時，能結交個性積極的良友；再加羊刃星或陀羅星則容易交到損友；遇天空星、地劫星則容易受朋友陷害、暗算，進而錢財受損亦或遭人侵佔。

◇鈴星：

大殺鈴星為從神，性格沉吟有威勢，

單坐無吉主孤貧，壽夭困貧有凶禍，

殺破貪會亦不寧，鈴羊湊合孤傷殘，

僧道還俗定無倫，女人無吉剋六親。

個性陰沉、固執、多疑、倔強。

「武昌鈴陀」主傾敗，多是因為自己的作為導致災禍的來到。

鈴星獨守遷移宮的話，主外出需要注意安全；又與天機星同度則主車禍事故，再加煞忌來會則更增加發生的機率。

火星、鈴星夾命宮者，主敗局；火星、鈴星所夾的宮位，往往是人生中最弱的一個環節。

鈴星坐落財帛宮時，主財富的收穫遭遇困難，亦或是受到突發狀況造成的變故影響，此時更不宜與天空星、地劫星同度，容易造成事情最後功虧一簣。

火星、鈴星分別坐落命宮與福德宮時，主一生多波折起伏；分居命宮、夫妻宮亦是主人生難以順遂。

✧

火鈴合論：

火鈴夾命為敗局，君子失權小犯刑，
孤獨剋親常災禍，勞碌蹇剝又孤貧，
二星有制亦不美，無憾無恨定難求，
女命警惕情波折，二限逢之必有凶。

✧ **天刑星：**

天刑孤傲性寡合，因果業障煩惱多，
命學佛學及玄學，法律醫術亦愛好，
若會太陽主武貴，又遇文昌成大業，
二限逢之修道避，是非失財不幸事。

個性孤傲，位居命宮則主孤；逢吉星曜主權威、威勢，會兇星曜則為孤剋。

業力星，天刑星坐落哪宮則為該宮煩惱的程度相對也多。

天刑星為孤獨星曜，對於佛學、玄學與命學等領域有興趣。

天刑星個性剛強，對於法律、醫術有特殊的愛好。

天刑星坐落命宮主孤僻；坐落於六親宮主與該宮的人無緣；坐落於官祿宮則主從事的行業種類多，適宜從事武職相關職業；坐落於交友宮則主朋友多，三教九流的類型皆有；坐落財帛宮時，如果與吉星相會則主財運佳，可以賺取與法律相關的錢財，如果遇煞星則容易遭惹官非；位居福德宮則主興趣多（興趣類型由主星決定：與天梁星會則主文，與七殺星同度則主武）、思想孤獨。

◇ **天姚星：**

天姚風雅有艷福，頗有幽默人緣佳，
多才多藝有學識，易受異性之喜愛，
若臨限招手成婚，惡星相會家財破，
此曜若居生旺地，位登極品亦風騷。

為桃花星、異性緣佳、外向，主風流。

本身多才多藝、對藝術有天份，這些多采多姿的才華容易吸引異性的喜歡。

天姚星與文昌星、文曲星相會時主風流自賞；與七殺星同度且坐落於命宮、福德宮則主有桃色糾紛與官非。

天姚星會吉星且坐落財帛宮時，主財運佳，且同事以異性為主能增加財富的收入；若與煞忌空劫會，則同事以異性為主反而會造成財富的損失。

天姚星位居福德宮時，主多幻想、思緒混亂。

✧ **紅鸞星：**

紅鸞主婚姻喜慶，坐命聰明又溫良，
單守喜賭好投機，會吉工作主升遷，
遇煞須防血光災，命遷疾福人緣佳，
中少運限主艷遇，晚運失偶又有傷。

紅鸞星主婚姻喜慶，尤其位居命宮、疾厄宮、福德宮時，主人緣佳、異性緣好。

紅鸞星坐落福德宮時，代表有口福、重享受，尤以精神方面的享受為主。

紅鸞星會桃花星則主風流、外遇，然而唯獨老人不喜歡遇到，因為代表會有喪偶之痛。

紅鸞星位居財帛宮時，主錢財的來來去去皆與異性有關聯；坐落福德宮且逢桃花星則主豔遇多。

紅鸞星坐落官祿宮時，適宜從事顧客對象以異性為主的行業。

紅鸞星會吉星也主工作升遷；遇煞星則需注意刀傷或是手術等血光之災。

✧天空星：

天空守命成敗多，須走正道方聚財，
最忌單守不會吉，任何一宮皆無助，
性情不常執己見，浪費奢侈月光族，
二限無吉來守照，祖業難保災悔多。

主精神層面，宜走哲學領域。天空星位於命宮者，做事多空且敗、常常費盡心力的付出，卻得不到收穫與成就。生性較為奢侈、浪費，沒有儲蓄的觀念，容易成為月光族。

✧地劫星：

地劫坐命主破失，作事疏狂不行正，
羊陀火鈴劫空刑，此星最不利錢財，
財富被劫傷感情，浪裏行舟人忌嫌，
二限逢之防損失，四煞空會人財亡。

主劫煞、破壞一切。六煞星曜中以地劫星最不利於錢財、感情。地劫星主物質面，具有創新能力，因此適宜從工藝起家。地劫星主破，因此不宜獨守命宮、財帛宮及官祿宮，主不利。

✧

空劫合論：

空劫為害最愁人，才智英雄誤一身，

只好為僧併學術，堆金積玉也須貧，

入命與福不宜商，感情錢財有波動，

劫空夾命為敗局，臨財福鄉賤又貧。

第五章　四化

一、四化論述

子曰：「知變化之道者，其知神之所為乎。」紫微斗數之所以能未卜先知、貴為神仙之術，乃在於生年四化與大限四化彼此交織而成錯綜複雜之變化。

四化之所以在紫微斗數中扮演著舉足輕重、無可取代的角色，在於其千變萬化之組合，進而勾勒出每個人一生中不同時刻的吉凶禍福；藉由出神入化的四化讓我們清楚地知曉災厄、禍福何時會降臨到每一個人的身上，以及造成的破壞力程度大小為何，因此方能進一步提前做好準備、預防，將傷害減輕到最低。舉例來說，現代的人由於身處的時代背景與古代自給自足的農耕生活已經大不相同，為了在充滿競爭力的高壓環境中生存、賺錢養家活口，每天只能超支地付出體力與精力，汲汲營營於工作、名利上，最終反而賠上自己寶貴的健康及幸福的家庭。

有鑑於現今社會上到處充斥著相似例子，如果我們能根據正確的四化，適時告知有需要幫助的社會大眾、親朋好友何時需要注意自己的健康，就能達到事前預防、早期發現的功效。

正確的四化星曜顆數為十五，主要從十八飛星（紫微星系、天府星系、四輔星）中排除三顆沒有自化的星曜（天府星、天相星、七殺星），此概念乃是從易經洛書而來：易理中1、2、3、4、5為生數，生數當中奇數1、3、5三數為陽，偶數2、4兩數為陰，正所謂「參天兩地而倚數」，因此陽爻數為9（天數1＋3＋5的總和）、陰爻數用6（地數2＋4），一如易學家朱熹所云：「其九者，生數一三五之積也。其六者，生數二四之積也。」

洛書圖中不論是橫列、直行，亦或是對角線相加的總數值皆是15，而15則是由6（陰爻之數）加上9（陽爻之數）而得；45為洛書1至9相加的總和，亦是陰爻之數乘以天、地、人三才之數（6×3＝18），加上陽爻之數乘以天、地、人三才之數（9×3＝27）之結果；因此正確的四化星曜顆數為15，除了天府星、天相星及七殺星三顆星曜沒有四化。

二、庚干四化

漢朝以後千餘年的時空背景轉換下，中間經歷過多少次改朝換代的變遷、多少次戰亂、動盪後的顛沛流離，以及歷代一脈單傳之繼承者依據自己從傳授者上所學習到的精要與日後自行研究、鑽研而得之心得，進而加以修改、編撰，終於在消失匿跡了五六六年之後，才由陳希夷第十八代傳人於及第進士羅洪先撰編《紫微斗數全書》，其中記載著《紫微斗數全書》曾由陳希夷與玉蟬先生修改過內容，因此《紫微斗數全書》流傳至今，書中內容的正確性或多或少已有所失真或遺漏，背離了紫微斗數最初的正統之道。

由市面上的紫微斗數書籍可知，目前四化存在著數種版本，尤其是以庚干四化最具爭議，在在顯示紫微斗數流傳數千年至今，已經失去了紫微斗數原有的正統與正確性了。

紫微斗數來源有二，一個是陳希夷於民間流傳許久的版本，也就是目前大家所熟知的《紫微斗數全書》，另一個則是陳希夷傳入皇宮的版本。當初周公創立紫微斗數的目的主要是教導人如何依其特質與性格，培育其才能及人格培養。太陰星為易經中的坤卦，坤卦象徵大地、百姓，因此《紫微斗數全書》裡面的庚干四化為陽武同陰，由於此版本是流傳於民間，主要適用於眾生百姓，因此才會用太陰星化忌；天同星乃為帝王之尊、乾卦第五爻，因此陳希夷流傳於皇宮那套版本的庚干四化則是用陽武陰同，主要在於培育、教養帝王。

三、標準大限四化表

「庚」的意思主要為更改、修改，陳希夷當初將庚干四化一分為二的用意就是在告知後代世人庚干四化隱藏著真正的四化在裡面，等待著後世有人能夠參透其真正含意而去做更改、修改，進而將其發揚出來；如今流傳至今的這兩種庚干四化版本，不管是庚干陽武同陰，抑或是庚干陽武陰同，都只是陳希夷當時為了教導、教育不同的對象（皇帝、百姓）而衍生出來的，然而此兩種版本皆不是紫微斗數四化最初的樣貌，以下將最正確、純正的紫微斗數四化整理如下：

（詳細四化介紹請參閱第三本書：《易數命理書》）

全自化：太陰星、武曲星、天機星

不自化：天府星、天相星、七殺星

不化科：太陽星、貪狼星、破軍星、巨門星

不化忌：天同星、天梁星

只化科：左輔星、右弼星

只化權科：紫微星

只化祿忌：廉貞星

只化科忌：文昌星、文曲星

✧ 四化：

不自化：天府星、天相星、七殺星

全自化：太陰星、武曲星、天機星

不自化祿：紫微星、左輔星、右弼星、文昌星、文曲星

不自化權：廉貞星、左輔星、右弼星、文昌星、文曲星

不自化科：太陽星、巨門星、廉貞星、貪狼星、破軍星

不自化忌：紫微星、天同星、天梁星、左輔星、右弼星

✧ 標準四化表（請參照《紫微斗數源論》第三章七十九頁）：

天干＼四化	祿	權	科	忌
甲	廉貞	破軍	武曲	太陽
乙	天機	天梁	紫微	太陰
丙	天同	天機	文昌	廉貞
丁	太陰	天同	天機	巨門
戊	貪狼	太陰	右弼	天機
己	武曲	貪狼	天梁	文曲
庚	太陽	武曲	文曲	破軍
辛	巨門	太陽	天同	文昌
壬	天梁	紫微	左輔	武曲
癸	破軍	巨門	太陰	貪狼

四、四化：祿、權、科、忌

✧ 祿

祿：福也、善也、俸也。福祿二字，若散文則祿即是福；若對文則福祿義別，爵命為福，賞賜為祿。

食稟為祿、祿不期侈：謂食厚祿易流於侈，故干祿不求其厚也。傳：「貴不與驕期而驕自至，富侈期而自來。驕侈以行己所以速亡。」（稟：受也。稟食：謂官給食也。稟受：言人之體性所受於天者。韓愈秋懷詩：「運行無窮期，稟受氣苦異。」陳造詩：「書生稟賦紙樣薄。」）

化祿：化祿代表著財祿，然而此財祿必須坐落在我宮才會是屬於自己的財富，如果是落入他宮則為別人的錢財、富貴；化祿如果坐落命宮的話，則須看化祿的這顆星曜是否為財星，如果是才是屬於自己的財祿，如果不是財星則只是代表本身個性樂觀開朗、為人隨和。化祿位居福德宮的話，則主捨得花錢享受。

✧ 權

權：秤錘也、平也、變也；變通常法而合於道也。勢力也，今云：「權力、權謀、權變之計謀也。」權變：謂能從權達變也。

化權：象徵權力、實權的掌握、領導能力的發揮、散發出自信、剛強的氣勢、主升遷的機會。爭執、傷害往往在事業開創、奮鬥之際，為了追求權力、地位的過程中產生，結果無可避免，但卻可以用智慧與心態來減輕受傷的程度。

化權本質上是不會害怕化忌來會或沖，然而當化權逢化忌來會或沖的時候，象徵著在事業開拓與打拼的過程中，容易遭遇挫折及困難，因此須歷經艱辛的努力後方能獲得成就。

✧ 科

科：利害之利；刀和然後利，引伸易曰：利者義之和也。吉也、宜也又私利也。小人以身殉利。先財而後禮則民利。利猶貪也。「辭海」—益也、功用也、富饒也。營業所得之子金。

化科：主功名、學位、掌文墨、升遷、清貴。有助益於考試。

化科主有貴人來相助，坐落於命宮、遷移宮、官祿宮為最佳，代表出門在外、事業上能夠得到貴人的幫助、助益。

當化科在命宮、化祿在財帛宮、化權在官祿宮時是最佳的位置，代表在做人處事上隨和、親切、不計較；工作上勤勉、認真、勤奮，因此事業成就好、獲利佳，財富收穫豐盈。

當化科相逢天空星、地劫星等煞星時，代表著懷才不遇、虛華無實，沒辦法有效地發揮自己的長才與能力；然而卻可以藉由幫助他人，進而成為別人的貴人。

化科本身屬於貴星，如果又有吉星、輔星等星曜來相助，則可以有效化解化忌所造成的破壞力，然而如果缺少吉星、輔星的力量，單是化科之力是無法消抵化忌所帶來之災厄的。

✧ 忌

忌：憎恨也、怨也、忌諱也、畏懼也、嫉也。以色曰妒、以行曰忌。禮表記：「敬忌而罔有擇言在躬。」按此皆通記心有戒禁謹慎不妄為之意。俗言百無禁忌即謂百事順遂、不必戒禁也。

化忌：主口舌是非、困擾、多災多厄、災咎、勞苦奔波、苦悶憂愁、固執、困頓、壞的轉變。

當化忌與祿存星同宮時，則為「羊陀夾忌格」，代表在個性上較為極端、偏激，一生中容易遭遇小人的機會多；「火鈴夾忌」的格局則主是非多、諸事不順、易犯小人；「空劫夾忌」為破財。

化忌位居命宮時，主一生不順遂、往往奔波勞碌一輩子，卻得不到成就。

以財富的角度來看，本身從事於上班族、研究領域、命理學、醫生、宗教等職業領域者，較不怕化忌的破壞力，因為皆是領取固定薪水的正當行業，尤其是以心存善念、取之有道的正當態度去獲得錢財，開拓事業的人，儘管在化忌的影響下會面臨艱難、困苦的挫折，但是卻能險中求穩，保有穩定的收入；反之，當求財者心存著貪念、投機取巧的情況下去獲取財富時，勢必會被化忌強大的破壞力給摧毀殆盡。

「化忌」乃為困頓不順、蹇滯、憂愁、苦悶、災咎、固執。「忌」這個字可以拆開成「己心」兩字，意謂著化忌所帶來的困頓不順遂、蹇滯、固執、苦悶等負面情緒與因素，皆是由自己的心所造成的；當面臨人生道路上的挫折、不順遂的時候，儘管當下無法改變外在環境所帶來的困境，但卻可以藉由改變自己內心的想法與心態，讓自己以更積極進取、樂觀向上的能量，衝破眼前所遭遇到的險境，如此一來，就能將化忌的破壞力轉變為成長的助力，達到轉凶為吉的目的。

◇ **祿權**

祿權：代表財富橫發、自信十足，既有財富又有權勢，通常多是從事創業、本身經營事業的生意人。

◇ **祿科**

祿科：名聲佳、聲望高、因名而得利、文學素養表現佳，適宜從事幕僚相關職業，或是以本身的常識、智慧獲取財富的工作，如科技業工程師。

◇ **祿忌**

祿忌：化祿最害怕的就是與化忌同宮，同宮則形成了祿忌破（加強化忌的破壞力）。化祿最喜歡與化權、化科同宮或是三方會照（化祿、化權、化科坐落在三合宮），稱為「三奇嘉會」，意謂著擁有財富又掌握著權勢，且又有貴人來相助。

◇ **權科**

權科：主以本身具備的專業知識或技術得名、會有專業領域上的成就、主得名利。

◇ **權忌**

權忌：主善變、自我衝突、是非多、爭執多、不可預期的突發狀況，適宜從事具有專業性、技術性質的事業。

◇ **科忌**

科忌：主不乾脆、拖拖拉拉，適合從事文藝或學術領域方面的工作，對於學問研究有幫助。

✧ 四化總結

祿忌、權忌、科忌皆與化忌有所關聯，因此屬於非善緣，以健康方面來說，最怕遇到權忌與科忌；權忌主突發事件，容易發生突如其來的疾病、病痛，難免令人覺得無奈；科忌則主拖延時日、讓人心力交瘁的事件；俗話說：「久病無孝子」，科忌所帶來的健康問題總是令人感到無奈、費盡心力，然而如果能將心態轉念，以瞭解取代抗拒，終將能「久病成良醫」的。

化忌乃是自己內心執著的表像，正所謂凡事皆有它一體兩面的呈現，相對地「執著」也有它好與壞的表徵，當將執著用在壞的人、事、物上面的時候，化忌本身的破壞力將會發揮至淋漓盡致；然而如果能將「忌」的執著運用於工作學習、學術研究上，勢必能在事業、學術領域上擁有不凡的成就。

第六章　四柱八字排法

一、四柱的排法

◆年柱排法

八字命學之年干主要以節氣**立春日時**為分界點，而非陽曆上的一月一日新年起年干支。個位數三者為甲年，民國三年為甲寅年，十三為甲子年，二十三為甲戌，以此類推（如左圖）。

巳	43 103 午	未	33 93 申
53 辰			酉
卯			23 83 戌
3 63 寅	丑	13 73 子	亥

以一〇八年一月二十二日為例，雖然已經過了一月一日新年，但尚未跨過立春午時十一點二十八分，在八字仍屬於一〇七年（戊戌年）。

範例：民國一〇八年陽曆二月八日上午八點半出生，四柱如下：

己亥（年柱）

◆ 月柱排法

八字命學月份係以節為依據，每個月份範圍皆始於節之時，終於下一個節之時，並且涵蓋一個氣，以正月為例，正月建寅係始於立春（節），終於驚蟄（節），歷經了雨水（氣）。由此可知，當出生時間位於交節之際，儘管只有數分鐘的差距，八字短則相差一個月，多則相差一年，這個部份需特別注意。

生年天干	甲	乙	丙	丁	戊
	己	庚	辛	壬	癸
寅宮起	丙	戊	庚	壬	甲

五虎遁年起月訣

甲己起丙寅
乙庚起戊寅
丙辛起庚寅
丁壬起壬寅
戊癸起甲寅

月柱起法需先知其月天干地支，月天干則由生年天干決定，右表為月干支起法表，當生年為甲、己年則正月在寅宮起丙寅，二月則為丁卯；當生年為乙、庚年則正月在寅宮起戊寅，二月則為己卯；以此類推，當生年為戊、癸年則正月在寅宮起甲寅，二月則為乙卯。

上述為月干支起法說明，而月份劃分原則整理如下：

歌訣：

正月立春雨水節，二月驚蟄及春分
三月清明並穀雨，四月立夏小滿方
五月芒種並夏至，六月小暑大暑當
七月立秋還處暑，八月白露秋分忙
九月寒露並霜降，十月立冬小雪漲
子月大雪並冬至，臘月小寒大寒昌

範例：民國一〇八年陽曆二月八日上午八點半出生，四柱如下：

己亥（年柱）

丙寅（月柱）

◆日柱排法（查看萬年曆）

日柱干支直接查詢萬年曆即可知曉。以一0八年農曆六月為例，六月一日為辛丑，六月十一日為辛亥，六月二十一為辛酉（如左圖所示），其他日期則可由此推算而知（以六月廿五日為例推算如左下表）。

國曆合朔	七月大 三日
中華民國一0八年歲次己亥	六月小 辛未
	初一 辛丑 十一 辛亥 廿一 辛酉

辛酉	壬戌	癸亥	甲子	乙丑
六月廿一日	六月廿二日	六月廿三日	六月廿四日	六月廿五日

範例：民國一〇八年陽曆二月八日（農曆為初四）上午八點半出生，四柱如下：

己亥（年柱）

丙寅（月柱）

丙子（日柱）

國曆合朔	中華民國一〇八年歲次己亥
二月大 五日	正月小 丙寅
	初一 癸酉
	十一 未　廿一 巳
	三十 立春　十五 雨水

癸酉	甲戌	乙亥	丙子
二月五日	二月六日	二月七日	二月八日

◆ **時柱排法**

時柱的支依時間而區分（如左下表所示）。

時間	
00:00 - 00:59	早子
01:00 - 02:59	丑
03:00 - 04:59	寅
05:00 - 06:59	卯
07:00 - 08:59	辰
09:00 - 10:59	巳
11:00 - 12:59	午
13:00 - 14:59	未
15:00 - 16:59	申
17:00 - 18:59	酉
19:00 - 20:59	戌
21:00 - 22:59	亥
23:00 - 23:59	夜子

生日天干	甲己	乙庚	丙辛	丁壬	戊癸
子宮起	甲	丙	戊	庚	壬

時柱的干則依右上表所示，甲、己日在子宮起甲子，乙、庚日在子宮起丙子，……，戊、癸日在子宮起壬子，接著再順時鐘數至生時支位定天干，此為時柱干支之起法。

範例：民國一〇八年陽曆二月八日上午八點半出生，四柱如下：

己亥（年柱）

丙寅（月柱）

丙子（日柱）

壬辰（時柱）

丙、辛起戊子	
01：00－02：59	己丑
03：00－04：59	庚寅
05：00－06：59	辛卯
07：00－08：59	壬辰

◆地支暗藏總訣

年支藏干

生年	餘氣	中氣	正氣
子	壬（五月節末迄）	—	癸
丑	癸（五月節十八日迄）	辛（六月節廿四日迄）	己
寅	戊（四月節廿四日迄）	丙（七月節十八日迄）	甲
卯	甲（五月節末迄）	—	乙
辰	乙（五月節十八日迄）	癸（六月節廿四日迄）	戊
巳	戊（三月節末迄）	庚（七月節十八日迄）	丙
午	丙（五月節末迄）	己（八月節十八日迄）	丁
未	丁（五月節十八日迄）	乙（六月節廿四日迄）	己
申	己（四月節廿四日迄）	戊（五月節迄）、壬（七月六日迄）	庚
酉	庚（五月節末迄）	—	辛
戌	辛（五月節十八日迄）	丁（六月節廿四日迄）	戊
亥	戊（四月節廿四日迄）	甲（六月節廿四日迄）	壬

備註：

一、寅年之餘氣應由戊修正為『己』。

二、午、未六合為土，而戊、己屬中央土，故應將申年中氣之戊改放置未年。

月支藏干

生月／生日	子	丑	寅	卯	辰	巳	午	未	申	酉	戌	亥
節入後五日迄	壬	癸	戊	甲	乙	戊	丙	丁	己	庚	辛	戊
六日						庚						
八日			丙						戊			甲
十日		辛			癸			乙			丁	
十一日	癸			乙			己		壬	辛		
十三日		己			戊			己			戊	壬
十四日									庚			
十五日			甲			丙						
二十日以後							丁					

二、干支五化合

◆化氣十段錦：

甲從己合賴土化生，遇乙兮妻財暗損，逢丁兮衣祿成空，貴顯高門蓋得辛金之力家，敫大富皆因戊土之功，見癸兮平生發福，逢壬兮一世飄逢，月遇庚金家徒四壁，時逢丙火祿享千鐘。

己能化甲秀在於寅，逢丁兮他人凌辱，遇乙兮自己遭迍，陽水重重奔走紅塵之客，庚金鋭鋭孤寒白屋之人，丙內藏辛必得其貴，戊中隱癸不至於貧，若要官職遷榮，先須見鬼家殷，巨富務要逢辛。

乙從庚化氣票西方，塞維兮生逢丙位，榮華兮長在壬鄉，丁火當權似春花之芨日，辛金持世若秋艸之逢霜，最喜己臨滿堂金玉，偏宜甲同庥麥盈倉，日日勞神蓋爲勾陳作亂，時時費力只因玄武爲殃。

庚從乙化金質彌堅，最忌辛金暗損，偏嫌丙火相煎，遇丁官兮似蛟龍之得雲雨，逢己卯兮若鵬鶚之在秋天，癸水旺兮田園漂蕩，壬水盛兮財祿增遷，遇戊相侵兮不成巨富，逢壬助力兮永保長年。

丙爲陽火化水，逢辛有福兮戊土在位，成名兮乙木臨身官爵遷榮，生逢癸巳家門顯赫，長在庚寅強橫起於甲午禍敗，祭於壬辰屢遇陰丁定富貴能有幾日，重逢己土雖榮華一似浮雲。

辛能化水得丙方，成四柱最宜見戊，一生只喜逢庚，見己兮何年發福，逢壬兮何日成多，癸水旺兮從困而不困，甲木旺兮雖榮而不榮，富貴榮華重重見乙，傷殘窮迫疊疊逢丁。

丁為陰火喜遇陽，壬見丙兮百年安逸，逢辛兮一世優游，富貴雙全喜甲臨於天降祿封雙美欣己共秩，金牛活計消疎皆因戊敗，生涯寂寞盖爲癸因，乙木重重財祿殃无成就，庚金燦燦功名切莫妄求。

壬泛丁化秀在東方，遇甲兮多招僕馬，逢辛兮廣置田庄，丙火相逢乃英雄之豪傑，癸水相會爲辛苦之經商，佩印乘軒己臨官位，飄蓬落泊戊帶煞傷，皓首無成皆爲庚金乘旺，青年不遇盖因乙木爲殃。

戊從癸合化火成功，見乙兮終能顯達，逢壬兮亦自豐隆，衆祿拱持喜丁臨，推己位六親不睦，緣甲旺于寅宮，丙火炎炎維尋福祿，庚金耿耿易見亨通，妻子損兮皆因己旺，謀爲拙兮盖爲辛推。

癸從戊合化火當臨丙內藏辛一世多成多敗，甲中隱己百年勞力勞心，倉虛豐肥欣逢丁火，田財殷實喜得庚金，官爵陞榮連綿見乙貨財富貴，上下逢壬，財源得失兮緣辛金之火，旺仕途蹭蹬兮譭己土之相侵。

三、支之刑沖破害

◆ **地支六沖：**子午、丑未、寅申、卯酉、辰戌、巳亥皆位居其對宮。五行關係互為相剋。

◆ **地支六害：**子未、丑午、寅巳、卯辰、申亥、酉戌六害即為互相破壞之意。子丑、寅亥、卯戌、辰酉、巳申、午未為六合，當卯合戌逢辰沖戌，則為辰害卯；當辰合酉逢卯沖酉，則為卯害辰，卯辰互為破害。

當四柱地支有害時，將有剋害自身。

地支							
	六沖	子午	丑未	寅申	卯酉	辰戌	巳亥
	六害	子未	丑午	寅巳	卯辰	申亥	酉戌

地支三刑		
恃勢之刑	無恩之刑	無禮之刑
申→寅、寅→巳、巳→申	戌→未、未→丑、丑→戌	子→卯、卯→子

◆ **地支三刑：**

恃勢之刑：仗勢欺人。

無恩之刑：冷淡無情、恩將仇報。

無禮之刑：暴戾無禮、處事令人不快，乃三刑中最凶。

自刑

辰—辰、午—午、酉—酉、亥—亥

◆ **自刑：**性格沉鬱、內心惡毒，做任何事無法貫徹始終，自己阻礙自身前途發展。

巳	午	未	申
辰			酉
卯			戌
寅	丑	子	亥

一、三合（三角）
二、橫線六合、直線六害
三、六沖（對角斜線）
四、申寅巳與戌未丑之刑（三角）

◆ **相破：**破象，互相戰剋之意。

子──酉、午──卯、申──巳、辰──丑、戌──未、寅──亥

年有破：與雙親早別離。

月與日破：易損妻。

月有破：變數多。

日有破：一身孤立，與妻子緣薄。

時有破：晚年不遇。

四、十二運星（長生訣）

十二運星為長生、沐浴、冠帶、建祿、帝旺、衰、病、死、墓、絕、胎、養，象徵著生命的起始衰滅。主要功用為輔助性質，當與主、副星搭配時可促使其力量強弱更為顯著。

十二運星以日干為主，對照四柱地支，進而得知其生剋與強弱，以下整理之十二運星表乃以日干為主與地支對照：陽順陰逆（不需找藏干，直接以日干對照即可）。

癸日	壬日	辛日	庚日	丁己日	丙戊日	乙日	甲日	生日／運星
卯	申	子	巳	酉	寅	午	亥	長生
寅	酉	亥	午	申	卯	巳	子	沐浴
丑	戌	戌	未	未	辰	辰	丑	冠帶
子	亥	酉	申	午	巳	卯	寅	建祿
亥	子	申	酉	巳	午	寅	卯	帝旺
戌	丑	未	戌	辰	未	丑	辰	衰
酉	寅	午	亥	卯	申	子	巳	病
申	卯	巳	子	寅	酉	亥	午	死
未	辰	辰	丑	丑	戌	戌	未	墓
午	巳	卯	寅	子	亥	酉	申	絕
巳	午	寅	卯	亥	子	申	酉	胎
辰	未	丑	辰	戌	丑	未	戌	養

十二運星表

十二運星特性：

◆長生：主發達、運勢佳、個性溫順、藝術才能佳、不宜領導。

◆沐浴：行事曖昧、內心迷惘、勞苦、無一技之長、固執自我。

◆冠帶：位居高位、成功發達、享有盛名。

◆建祿：高尚恭謙、穩健發達、財祿豐厚。

◆帝旺：意念堅定、權威、勇往直前、孤立獨行。

◆衰：意志薄弱、富含慈悲心、執著。

◆病：虛弱勞苦、頹廢。

◆死：固執己見、猶豫不決、好空想而無行動力。

◆墓：憂慮苦悶、意志消沉、緣薄衰敗、離異。

◆絕：緣薄、別離、載浮載沉、容易輕信他人、居無定所。

◆胎：溫暖、工作易多變。

◆養：色難、離家。

然而十二運星只是參考的指標，切記不可過度使用。引用書中古文：『議命切不可專泥于生旺而吉衰而凶也。』

五、五行用事四時休旺

自然萬物皆有其最合適的時節，也因此有了『二十四節氣』，五行金木水火土亦是如此—春天氣候暖和，適合植物生長（木旺於春）；夏天炎熱酷暑，火勢容易萌發（火旺於夏）；秋天氣候乾燥蕭條（金旺於秋）；冬天嚴寒酷冷，有向下的性質（水旺於冬）。由此可知甲乙寅卯木在春天得時，丙丁巳午火在夏天得時，庚辛申酉金在秋天得時，壬癸亥子水在冬天得時，戊己辰戌丑未土在四立前（立春、立夏、立秋、立冬）十八日內得時（天干地支五行資訊可由下頁圖表得知）。

陰火 巳	陽火 午	陰土 未	陽金 申
陽土 辰			陰金 酉
陰木 卯			陽土 戌
陽木 寅	陰土 丑	陽水 子	陰水 亥

地支五行

五行	天干
木	甲 乙
火	丙 丁
土	戊 己
金	庚 辛
水	壬 癸

天干五行表

五行旺在四季之歌訣如下：

甲乙寅卯木旺於春（立春後）：共七十二日

丙丁巳午火旺於夏（立夏後）：共七十二日

庚辛申酉金旺於秋（立秋後）：共七十二日

壬癸亥子水旺於冬（立冬後）：共七十二日

戊己辰戌丑未土旺於四季（即立春、立夏、立秋、立冬之「四立」前十八日內）：共七十二日

然而當四季遷移，原本得時而旺之五行也會跟著轉為衰，衰者轉為旺，旺衰之間的程度差異也有所不同，主要根據『當我者旺，我生者相，生我者休，剋我者囚，我剋者死』的原則來分辨，以下將旺相休囚死之關係以表格呈現如下：

四季	冬	秋	夏	春	四時／五行
囚	相	死	休	旺	木
休	死	囚	旺	相	火
旺	囚	休	相	死	土
相	休	旺	死	囚	金
死	旺	相	囚	休	水

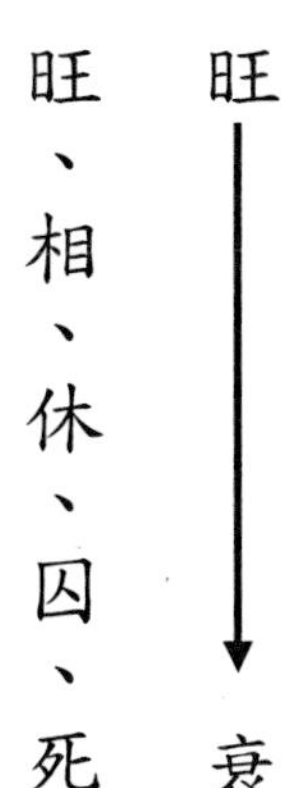

五行旺極而衰、剝極而復，代表著萬物循環不絕的狀態，然而萬物相生相剋亦是大自然亙古不變之道，以下將五行生剋制化關係整理如下表：

木	土	火	水	金
旺	旺	旺	旺	旺
得	得	得	得	得
金	木	水	土	火
方	方	方	方	方
成	成	成	成	成
棟	疎	相	池	器
梁	通	濟	沼	皿

木	土	火	水	金
能	能	能	能	能
剋	剋	剋	剋	剋
土	水	金	火	木
土	水	金	火	木
重	多	多	盛	堅
木	土	火	水	金
折	流	熄	濱	缺

木	土	火	水	金
賴	賴	賴	賴	賴
水	火	木	金	土
生	生	生	生	生
水	火	木	金	土
多	多	多	多	多
木	土	火	水	金
漂	焦	熾	濁	埋

木	土	火	水	金
弱	衰	弱	弱	衰
逢	遇	逢	逢	遇
金	木	水	土	火
必	必	必	必	必
為	遭	為	為	見
砍	傾	熄	淤	銷
折	陷	滅	塞	鎔

木	土	火	水	金
能	能	能	能	能
生	生	生	生	生
火	金	土	木	水
火	金	土	木	水
多	多	多	盛	多
木	土	火	水	金
焚	變	埋	濱	沉

強	強	強	強	強
木	土	火	水	金
得	得	得	得	得
火	金	土	木	水
方	方	方	方	方
化	制	止	濕	挫
其	其	其	其	其
頑	害	焰	勢	鋒

六、宿命星表出法（十星）

宿命星起法如以下口訣所示（我：日干）：

『**生我正印偏印，我生傷官食神**
剋我正官七殺，我剋正財偏財
比與同類為劫財比肩』

註：陽見陽、陰見陰：偏印、食神、七殺、偏財、比肩
陽見陰、陰見陽：正印、傷官、正官、正財、劫財

當四柱（天干地支）已定，進而可知四柱天干地支之五行，以日柱為主與其他三柱之五行確定相生相剋之關係，再依上述之口訣即可得知四柱之星宿星。以下以韓國瑜四柱（網路資料）圖作說明：

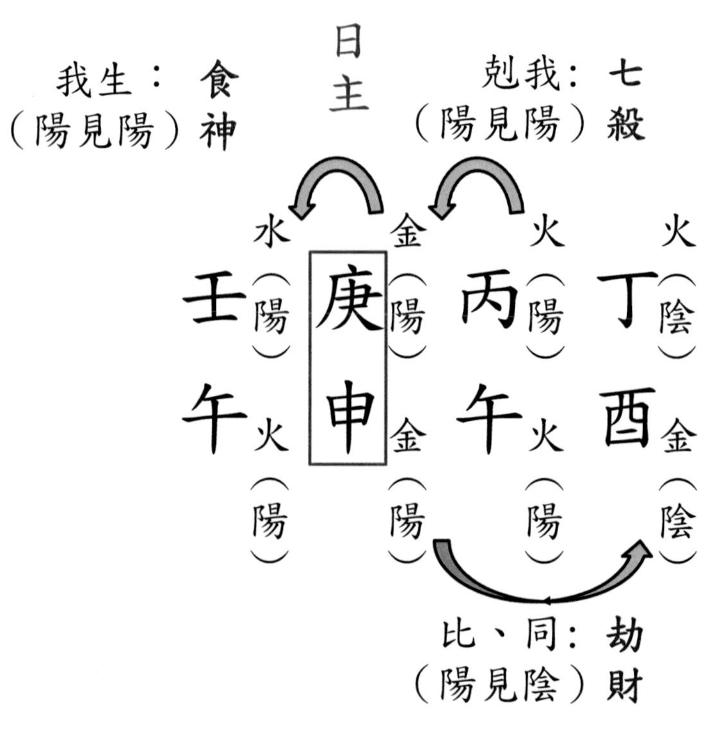
日主
我生：食
（陽見陽）神
剋我：七
（陽見陽）殺
水（陽）
金（陽）
火（陽）
火（陰）
壬
庚
丙
丁
午
申
午
酉
火（陽）
金（陽）
火（陽）
金（陰）
比、同：劫
（陽見陰）財

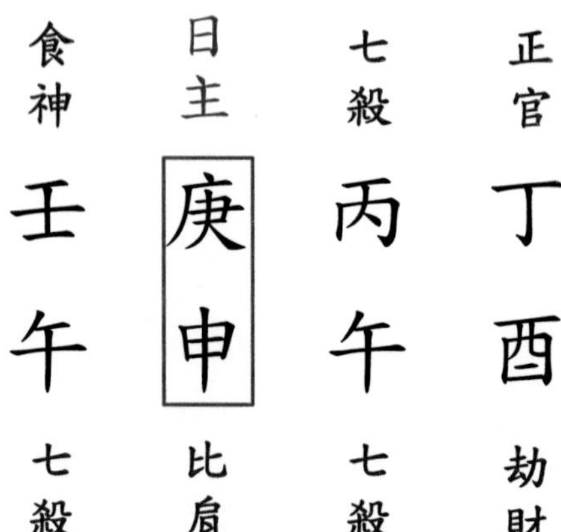
食神
日主
七殺
正官
壬
庚
丙
丁
午
申
午
酉
七殺
比肩
七殺
劫財

◆ **正印**：此星主聰穎明智、內心富含慈悲心、行為舉止溫厚端正、心地善良、擁有豐厚資產，然而此星過多則會導致男子剋妻、女子剋母。遇正財則稍減吉祥亦相殺財運；遇正官則吉兆益旺盛，學藝越光彩。

◆ **偏印**：偏印主財破、不如意、不順遂、病痛災害、孤獨離別。偏印容易損傷福壽，尤其逢食神時破壞力更是強烈，有「梟神」之稱。此星過多則易招來不幸與災厄，與子女的緣份薄弱。將此星強烈之特質運用在學者、醫師、工藝家、僧侶等須具備執著毅力之領域上，成功者多。四柱中若有正偏官則更增凶暴力；逢偏財則能制壓其凶性。

◆ **傷官**：傷官特質恃才傲物、睥睨群雄、放蕩不拘、不遵循規矩，本身才能過人，但也因此容易引來他人的毀謗與誤解，進而導致訴訟及糾紛纏身。此星過多時男女皆不得子女緣。男子傷官則名譽不佳、女子傷官則剋夫。所謂身旺者用財，身弱者用印，傷官用財宜去印、用印宜去財，若是傷官財、印皆俱則易損傷福分。四柱中若有印來抑制傷官之凶惡，則可降低災厄程度；逢比肩、劫財則助強其凶暴。

◆ **食神**：主豐衣足食、長壽、心寬體胖、子女緣深、俱審美能力。食神最喜逢偏財、劫財（印須忌財，食神則要財），遇比肩來助增強其福份。偏印制其力、特性、仁德、吉慶亦歸空。

◆ **正官：**正官猶如一縣之縣長，掌管秩序使民循規蹈矩不踰矩、德行端正、權勢有信用；無正官管制則胡作非為、遊走於禮法之外，故正官不可遭損破。正官雖好但不宜過多或過旺，拘束過頭易剋損自身。正官能引財、生印、拘身、制劫。四柱中若有正偏財則吉兆益旺盛；逢傷官則吉祥墜成無功，招損權威名聲。

◆ **七殺：**主凶暴、鬥爭、性急、頑強、災厄、肆無忌憚。日干強，則少數七殺不至於造成傷害；日干弱時，則不論七殺數量為何，逢食神可減弱七殺凶暴程度，增強祥和氛圍；遇偏財則助其凶禍；遇印則可將其凶暴化解。

◆ **正財：**主名譽、資產、福祿豐厚、明事理、得良緣。正財過多則為情損財。若身旺財少則錢財不足以維持生計，反之若財星過多或是財旺身弱時，輕者因財生災，重者因財而亡，由此可知，身強方可堪任財。逢食神則越慶福；遇劫財則抑制特性，吉祥歸空。

◆ **偏財：**主性情淡泊、為人慷慨、錢財來去迅速，為義不吝嗇為其美德。

逢傷官與食神則增強其特質，遇比肩能壓制其惡性。

◆ **劫財**：主驕傲不遜、好投機、僥倖心理，錢財也因此而破損，財破則招來離散。劫財過多則男女皆剋破配偶及子女，亦會破壞手足之情誼，招來毀謗等災厄。四柱逢偏印則更加深劫財之暴戾；逢正官則能壓制劫財之凶暴，由壞轉好。

◆ **比肩**：主兄弟、姊妹、朋友、同袍等同類型關係、自我心強、獨立自主、固執己見因此容易與人爭論而招來禍端。四柱中若比肩過多，容易導致手足爭奪財產而感情失和，亦或是知己好友友誼疏離。四柱中逢印星則加深比肩之特性，逢偏官能減弱其紛爭。

七、空亡星

當宿命星排列完成後，接著就是空亡星的起法：**以日柱干支為主算起至癸干，癸干後兩天干所搭配之地支為空亡，亦即四柱中有此兩地支者則為空亡星所在。**以下兩例子說明：

當四柱地支有子、丑或戌、亥者，則為空亡星所落之處。

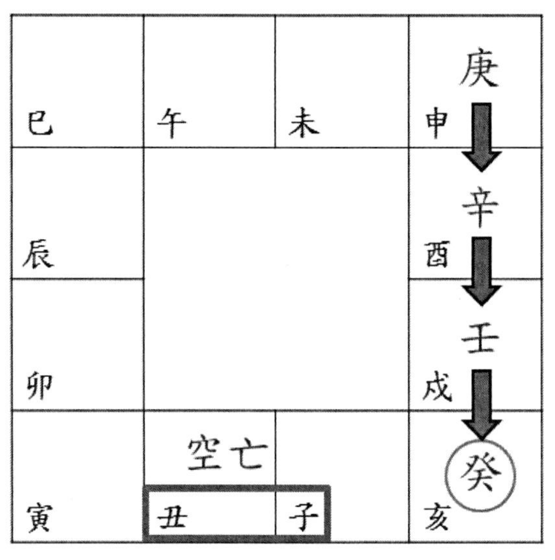

空亡起法

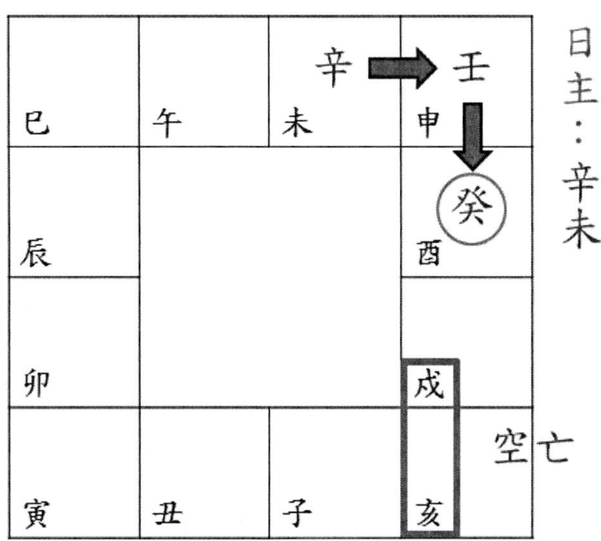

空亡起法

◆ 空亡：

當喜神坐落於空亡時，喜反而為忌，若忌神位居空亡，則反為吉利。

八、魁罡星

當四柱干支為「**壬辰**」、「**戊戌**」、「**庚辰**」、「**庚戌**」，即為魁罡，魁罡又以日柱（命主）最為重要，如日柱無魁罡但它柱有，則不能以魁罡論之。若日柱見魁罡而他柱又逢，則主大權在手。

魁罡星主聰明、具有果斷力、領導眾人之威權、剛強不屈之性格，以及博學多聞的學問，然而魁罡星乃極端之星，因此暗藏了暴戾殺生的習性。

男命具備此星者，心思細而靈巧、好議論；女命擁魁罡星則個性脾氣過於剛硬，容易導致夫妻關係失和，故不適合女性，尤其是月柱又見魁罡者。

庚辰、庚戌兩日生之人，四柱中最忌正官、偏官來破，遂因貪圖權貴而貧窮；戊戌、壬辰兩日生之人，則忌正財、偏財來破，乃因貪財而貧賤。

魁罡星最忌被沖破，因此魁罡日生人最怕月柱、時柱支所沖剋，會遭來重大災禍。

以往八字書籍皆以命中擁有魁罡星為極佳好命而論，然而以下將以六個具有魁罡星命例說明並非皆是如此：

命例一：男命

三歲時跌落自家養豬場的魚池而亡。

	命主		
己	庚	癸	丙
卯	戌	巳	寅

命例二：男命

命主

戊	庚	辛	甲
寅	辰	未	午

二十五歲（戊午年）：

六月訂婚，

十一月被機器絞死。

命例三：女命

	命主		
丙	庚	己	壬
子	辰	酉	辰

第二任老婆：三十五歲（丙寅年）十月七日未時，服食店裡農藥自殺。

命例四：女命

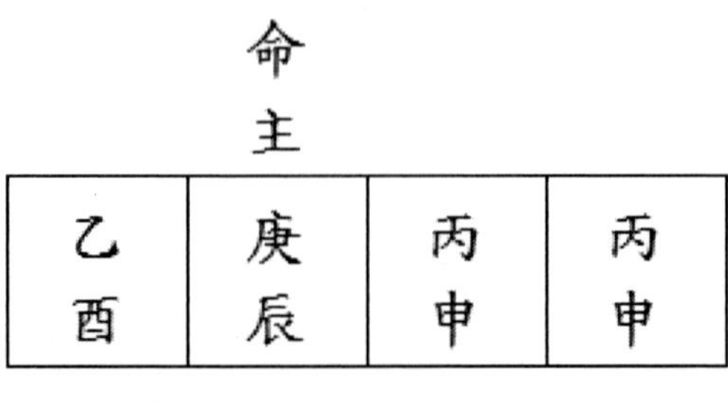

乙酉	庚辰（命主）	丙申	丙申

雙胞胎：

妹妹六歲時因想吃甘蔗不小心切斷一節指頭，從此家務事皆由姐姐做，因此導致妹妹個性懶惰好投機，姐姐則勤奮努力不懈，兩人命運從此大不同。

命例五：男命

命主

壬	壬	庚	壬
寅	辰	戌	辰

鳳凰戀祿格（三魁罡）：

四柱中三天干相同者稱三幹鳳凰，且年月日時地支有寅辰乃合此格。

二十歲開始學五術，認真學習至四十歲開始授徒，之後事業轉投機，發財致富。

命例六：男命

命主

戊	庚	乙	壬
寅	辰	巳	戌

福祿壽全：

現年九十八歲依然天天早上騎著腳踏車往返十公里，當作健身運動，健康狀況非常良好。

九、大運排法

大運起法依陽男陰女、陰男陽女的不同，起法也不同。

大運起法之陰陽以『年干』為主，由生月干支起，陽男陰女順行至未來最近之節氣日時；陰男陽女逆行至過去最近之節氣日時，再計算相隔之日時數，以三日為一歲、一日為四個月、一時為十天，折除之即可知何時交大運。

以韓國瑜八字（國曆四十六年六月十七日壬午時——網路資料）為例說明：

年主　丁酉
月主　丙午
命主　庚申
時主　壬午

54-63	44-53	34-43	24-33	14-23	4-13	歲
庚子	辛丑	壬寅	癸卯	甲辰	乙巳	大運

年干為丁（陰），陰男為逆行，大運起法由月干支（丙午）逆行，分別為乙巳（第一大運）、甲辰（第二大運）、癸卯（第三大運）、壬寅（第四大運）、……。

由於陰男，因此由生月（六月十七日）逆行算至過去最接近之節氣（芒種：國曆六月六日辰時）日時，間隔為十一日2時，十二日除以3為4，因此大運由4歲開始走第一大運（如上圖所示）。

十、小運排法

小運起法依陽男陰女、陰男陽女的不同，起法亦不同。

小運起法之陰陽以『**日干**』為主，由生時干支起，陽男陰女順行、陰男陽女逆行。

以韓國瑜八字（國曆四十六年六月十七日壬午時——網路資料）為例說明：

年主　丁酉
月主　丙午
命主　庚申
時主　壬午

日干為庚（陽），陽男為順行，小運起法由時干支（壬午）順行而起，分別為癸未（第一小運）、甲申（第二小運）、乙酉（第三小運）、丙戌（第四小運）。

小運	1	2	3	4
	癸未	甲申	乙酉	丙戌

十一、八字論命

八字乃由一個人出生的年、月、日、時所組成，象徵著每個人的個性、氣質、家庭背景，以及日後的運勢走向，本命與行運包含人一生的抉擇及歷程。

八字主要由年、月、日、時四限組成，其意義如下：

◆ 年限：主祖先。一個人的幼年時期，代表著家境、成長背景、人格養成、教育程度等。
◆ 月限：主父母、兄弟宮。學業的養成以及成家立業的階段。
◆ 日限：主夫妻宮。人生的精華時期，也是家庭、婚姻、事業、財富的累積期。
◆ 時限：主子女宮。一個人的晚年生活，涵蓋了退休、健康、享福的階段。

八字論命以「日干」為主，先以月令（乃月支，也稱為提綱）為重，再看年、日、時支合成格局論斷。

《淵海子平》云：「月令者，如大臣行君之令，掌一國之綱紀，生殺皆由之，故曰提綱是也。」《三命通會》亦曰：「欲知貴賤，先觀月令乃提綱，次斷吉凶，專用日干為主本。」有此可知月令在八字論命的重要性，以及別名提綱的源由。

《捷馳千里馬》云：「嘗謂分氣以定三才，播四時而成萬物，皆由命令也。斯令者萬，四時而立四極，專以日主以定三元，命乃無令而不立，令乃無令而不行，信知命令之相參，猶知天地之本體也。然而人命榮枯得失盡在五行生剋之中，富貴貧窮不出八字中和之外。」

『太過無剋制者貧賤，不及無生扶者夭折』：蓋夫木盛逢金造作棟樑之器。水多遇土修防堤岸之功。火煅秋金鑄作劍鋒之器。木疏厚土培成稼穡之禾。火炎有水名為既濟之文。水淺金多號曰體全之象。

八字論命重點在於『明喜忌』，喜忌來自於金、木、水、火、土五行之盈消。季節搭配五行相生相剋即為『用神』，八字用神猶如紫微斗數之四化，可以知陰陽、窺奧秘。一年十二個月，每月又分春、夏、秋、冬四季——春屬木、夏屬火、秋屬金、冬屬水、四立前十八日屬土，因此春天的木最得時，秋天的木最不得時（金剋木）；夏天的火最得時，冬天的火最不得時（水剋火）；秋天的金最得時，夏天的金最不得時（火剋金）；冬天的水最得時，四立前十八日的水最不得時（土剋水）。

以本命日干為主，當行運走到本命喜忌時，等同行運的喜忌，由此可知，行運之所以亨通吉利，乃因運勢走到了本命所喜之年限；行運之所以衰敗落魄，即是運勢運行至本命所忌之年限。如何將喜忌的程度（即五行相生相剋之盈消程度）劃分的越細，越能精準的判斷好壞威力的大小。

宿命星（十星）乃將四柱干支與日干彼此間的五行相生相剋化為星曜，主要用來解析一個人的個性與特質；而喜忌用神則是用來判斷好壞威力的大小。

舉例說明如下，某男命八字正財為忌神，當大運遭逢正財時，則以下方原則論之：

一、正財論感情：大運逢正財主異性緣旺盛，未婚時戀愛與結婚機率高，已婚者易有感情困擾。

二、當大運適逢正財為忌神時，主虧損、破財，事業衰敗不順利。

三、財洩食傷，情緒多低落消極、不肯面對現實、易投機取巧；財生官殺，易猶豫不決、有訴訟糾紛；正財壞印，情緒煩躁、工作易失職而變遷；正財逆比劫，人際關係不佳、易有口舌糾紛。

以下將八字論命基本原則整理如下：

一、年柱逢空亡，較難有祖產家業可繼承，須憑藉自身努力白手起家。

二、年干為喜神，主祖父長壽；年支為喜神，則祖母長壽。

三、正印為喜神，則母親助益強；偏財為喜神，則父親助益強。當正印、偏財為忌神，則父母親的助益力無法彰顯。

四、印旺為忌神時，易與母親意見不和；偏財旺為忌神時，則與父親多衝突口角。

五、正印接近日主，與母親感情熱絡；偏財接近日主，則與父親關係佳；父母星（正印、偏財）偏離日主或無此星，則與父母關係疏離。

六、正印逢空亡或近沖剋時，母壽易短；偏財逢空亡或近沖剋時，則父壽不長。

七、日主身旺則財官方可旺，日主身弱則財官亦須弱；當日主身強而財官弱時，則生活困苦不足以維生，日主身弱而財官旺時，則無法承受物質的享受。

最後節錄《淵海子平》諸論口訣篇供讀者作為參考：

看子平之法，專論財官以月上財官為緊要。發覺在於日時，要消詳於強弱。論官星不論格局，論格局不論官星。入格者非富即貴，不入格者非夭即貧。官怕傷，財怕劫，印綬見財，愈多愈災。傷官見官，為禍百端。若非疾病傷軀，必當官訟囚繫，子喪妻傷。傷官見官，元有者重，元無者輕。傷官見官，重則遷徙，輕則刑責。傷官見官，心地句曲，說飾多詐，傲物氣高，常以天下之人不知己，貴人憚之，小人惡之。傷官用財者富，傷官劫財者貧。年上傷官，富貴不久。月上傷官，富貴不完。日下傷官，難為妻妾。時上傷官，子孫無傳。歲月傷官、劫財，生於貧賤之家。日下時中有財官，先貧後富。歲月財官印綬，生於富貴之家。故日時傷官劫財，先富後貧，傷損子息無晚福。故傷官見官，官煞混雜，為人好色多淫，作事小巧寒賤，乙木己土為太乙，亥上登明，男好色，女淫濫。官殺混雜，有財者吉，無財印者凶。但看財命有氣，縱背祿而不貧。財絕命衰，縱建祿而不富。劫財敗財，心高下賤，見者主貧婁。鬼中逢官須逼迫，彼剋我者貴，我剋彼者富。彼生我方，以仗母力，長我精神。我生彼方，常懷逼迫。財入月令，勤儉慳齊。柱有劫財，比刃多者，刑父傷妻，不聚財也。路伎商賈，須觀落地之財。宰相須看得時正祿。七煞梟重，走遍他鄉之客，傷官劫財，瞞心負賴之徒。重犯財官者貴，重犯亡神者夭。七殺宜制，獨立為強。明殺合去，五行和氣。春風暗殺，合來刑傷害己。時殺喜沖，喜刃無制，女多產厄，男犯刑名。二德無破，女必賢良，男多忠孝。傷官用印，去財方可馳名。傷官用財，傷官處須當發福。入格清奇者富。入格不成者貧。一格二格，非卿即相。三格四格，財官不純，非隸卒多是九流。六陰朝陽，季月只作印看。吉神惟怕破害，凶神不喜刑沖。財官印食，定顯慈祥之德。傷官劫刃，難逃寡惡之名。衝天無合，乃漂流之徒。六壬趨艮，逢亥月者貧。馬落空亡，操心之落魄人。離祖月令逢衝過房。殺帶三刑，母明父暗，多是偷生。財印偏官，庶由己定。干頭咸烈，蓋伯牛怨於蒼天。時中沖刑，難免卜商旺子之嘆。刑多者為人不義，合多者疏亦皆親。合多生晦，衝多主凶。辰多好鬪，戌多好訟。辰戌魁罡，多凶少吉。時日空亡，難為妻子。交馳驛馬，別土離鄉。食神干旺，勝似財官。順食者食前方丈，倒食者簞食豆羹。食衰梟旺，不死也災，水潤下兮，文學顯達。土稼牆兮，富貴經商。金水雙清而為道，火土混濁而為僧。子午最嫌巳亥卯酉，功忌寅申。巳入亥宮，見陰木終為損壽。時逢丙寅，則冠帶簪纓。五行絕處，即是胎元。生日逢之，名曰受氣。此者有十日，甲申、乙酉、庚寅、辛卯、壬午、、癸未、丙子、丁丑、戊午、己丑，八字須不入格，富貴亦是盈餘。方有福德秀氣，盈有天神地祇，論化之格。化之真者，名公巨卿。化之假者，孤鬼異孤水即即變化，飛龍在天，利見大人。又有冬逢炎熱，夏草遭霜。陰風棲水，神鬼宿火。有合無合，後學難知。得一分三，前賢不載。且夫論格局者，明有定例，撮口訣者，略夫一二。當謂諸賢經旨。無合取用，庶可易通。道合無窮，學無止法。《經》云：更能絕慮忘思，鑒命無差無誤矣。

十二、命例探討

以下將以三張命盤作為解說紫微斗數與八字合論之範例說明，藉此讓讀者能更深入了解斗數與八字合論時各自角色為何。

<table>
<tr>
<td>太陽
（咎）
父母
己</td>
<td>破軍
4
1　福德
庚</td>
<td>天機　文昌　文曲
（忌）4
田宅
辛</td>
<td>紫微　天府　天姚　紅鸞　天空
2
事業
壬</td>
</tr>
<tr>
<td>武曲　天刑
（利）
1　（命）
戊　1-15</td>
<td colspan="2" rowspan="2">三歲落水亡
陽男 甲子年6月29日卯時生
木局
劫財　命主　正印　食神　天星
癸卯　壬戌　辛未　甲子　八字
食神　七殺　正宮　比肩　地星
乙　戊　乙　癸　干藏
食神　七殺　食神　劫財　副星</td>
<td>太陰
（權）
3
交友
癸</td>
</tr>
<tr>
<td>天同　右弼　羊刃
2（科）
1　兄弟
丁</td>
<td>貪狼　鈴星
（祿）
3　遷移
甲</td>
</tr>
<tr>
<td>七殺　祿存　火星　地劫
夫妻
丙</td>
<td>天梁　陀羅
2
1　子女
乙</td>
<td>廉貞　天相
（福）
1
財帛
甲</td>
<td>巨門　左輔
疾厄
乙</td>
</tr>
</table>

父母忙於農作，因無暇照顧而讓小孩自行在身邊遊玩，卻不小心掉落田溝而溺水。

八字論命：

『三奇』：神童及第播聲名，日時祿馬公卿貴，換武能文佐盛明，世間榮華福壽人。

四柱中有三天干為「辛」、「壬」、「癸」，乃謂三奇——命遇三奇者，主人胸襟非凡、博學多聞，又帶正官、正印則出將入相。

斗數論命：

本命命宮：天刑星坐落本命命宮，主刑殺。

本命事業宮（主行為）：本命事業宮武曲星化忌與本命父母宮武曲星化祿到本命命宮祿忌破，由於事業宮主行為，且又有父母宮來化，有此可知小孩意外掉落田溝與父母有關（父母從事農業無暇照顧，讓小孩自行在附近遊玩）。

三歲流年位在寅宮，流年命宮逢地劫星與火星，又被羊刃星及陀羅星包圍，對宮有天空星、三合宮亦有鈴星。

<table>
<tr>
<td>太天
陽刑

4 疾厄
丁</td>
<td>破
軍
（福）

財帛
戊</td>
<td>天紅
機鸞

4 子女
己 42-51</td>
<td>紫天地
微府劫

夫妻
庚 32-41</td>
</tr>
<tr>
<td>武
曲

遷移
丙 46</td>
<td colspan="2" rowspan="2">七月初八日立秋前十八日土旺、過節十日 水局
陰男 癸未年7月18日酉時生
天星八字地星
正財 癸未 劫財
食神 庚申 食神
命主 戊申 食神
傷官 辛酉 傷官
干藏：己 庚 庚 辛
副星：劫財 食神 食神 傷官</td>
<td>太天火
陰姚星
（利）

3
辛</td>
</tr>
<tr>
<td>天
同

4 交友
乙</td>
<td>貪鈴
狼星
（咎）

4 兄弟
壬</td>
</tr>
<tr>
<td>七右天
殺弼空

事業
甲</td>
<td>天文文羊
梁昌曲刃

田宅
癸 1、13、25、37</td>
<td>廉天祿左
貞相存輔

3 福德
壬</td>
<td>巨陀
門羅

（命）
癸 1-15</td>
</tr>
</table>

四十一歲尾牙被機車撞傷腳，還賠對方五萬、其他費用兩萬。

戊辰年九月十九日下午二點，從屋緣摔落後延遲到晚上八點才腦部動刀，晚上十一時其母壽終。

（九月廿四日戌時
五日酉）

八字論命：

四柱中月柱（庚申）、時柱（辛酉）皆屬金，日柱地支（申）亦為金，八干支中已有五金，而日主戊屬土，一土要生五金導致洩氣過多，雖有年支未土來輔助，仍顯不足，唯有引丙丁火來剋五金方能抑制日主戊土的洩出。

食神主豐衣足食、長壽，因能制殺故又稱壽星，雖為福神但亦不可多見，多見則會洩盡自身之氣，導致身弱多災。

傷官恃才傲物、氣盛驕縱，逢比肩、劫財則助強其凶暴，因此更助其盜洩日主之氣。

紫微論命：

陀羅星與羊刃星分別坐落本命命宮與本命福德宮，且天刑星位居本命遷移宮沖本命命宮。天梁星為乾卦，主頭部，且坐落本命福德宮，由此可知將有因頭部受傷而無福享受之意外發生。

四十二—五十一歲大限命宮己干文曲星化忌入大限遷移宮（本命福德宮），沖大限命宮；大限遷移宮（本命福德宮）癸干貪狼星化忌入大限田宅宮，沖大限子女宮，子女田宅線被沖破亦有發生意外的機會。

四十六歲流年（戊辰年）流年與小限同宮（辰宮），且遭逢貪狼星祿忌破來沖破。

<table>
<tr><td>天梁
兄弟
癸 14-23</td><td>七殺 紅鸞 天刑
3 （命）
甲 1-15</td><td>文昌 文曲
（咎）
（忌）
4 父母
乙 42-51</td><td>廉貞 陀羅 天空
4
福德
丙 32-41</td></tr>
<tr><td>紫微 天相
2
夫妻
壬 24-33</td><td colspan="2" rowspan="2">食神 命主 偏財 偏印 天星
乙卯 癸丑 丁酉 辛卯 八字
食神 七殺 偏印 食神 地星
乙 己 庚 乙 干藏
食神 七殺 正印 食神 副星
陰男 辛卯年 九 8月10日卯時生
三十五歲開刀 三十六歲亡
胃癌 金局</td><td>祿存 火星
3 4 田宅
丁</td></tr>
<tr><td>天機 巨門
（福）
（祿）
1 子女
辛 34-43</td><td>破軍 天姚 羊刃 鈴星
事業
戊</td></tr>
<tr><td>貪狼 地劫
財帛
庚</td><td>太陽 太陰 左輔 右弼
（權）
4 疾厄
己</td><td>武曲 天府
遷移
戊</td><td>天同
（利）
（科）
3 交友
己</td></tr>
</table>

八字論命：

癸水生於酉月，金旺水相，金清水白辛金司令，氣專而柔轉，不像庚金的頑強剛銳，但也必須取丙火為用，辛金為佐不喜土透。丙辛雙透而分隔，正是水暖金溫體用兩全，必定科甲功名，無丙則丁也貴。

木多則洩日主之氣重，男命四柱全陰較為不吉。

紫微論命：

大限命宮：大限命宮辛干文昌星化忌入本命父母宮，沖本命疾厄宮。另外本命父母宮乙干太陰星化忌入對宮，而本命疾厄宮己干文曲星化忌入對宮，彼此互化忌相對沖。《易經．說卦》有云：「坤為腹」，而坤卦即為太陰星，由此可知太陰星化忌在本命疾厄宮（亦是三十五歲流年），代表腹部健康有問題。

大限疾厄宮：大限疾厄宮羊刃星與鈴星坐落，其三合宮又逢天刑星及地劫星。

流年命宮：三十六歲流年命宮（本命財帛宮）地劫星坐落，又逢對宮丙干廉貞星化忌沖破，又有天空星與陀羅星加重其破壞力。

第七章　篇後語

還記得年初夜走在台北廟宇街頭，天空飄著細雨，伴隨著寒風刺骨，映入眼簾的卻是一雙雙般切期盼的炙熱眼神，絲毫不受冷冽寒冬影響。

一張張的桌子、一桌桌的人們，輕聲細語地關心著自己的未來：工作運如何？何時可以升遷？哪時可以賺大錢？這筆生意能否交易成功？

知命方能造命，了解命運的目的是為了助人趨吉避凶、消災解厄，因此如何有效降低，甚至避免凶險迫害才是命理創立的初衷。以本書命例探討中3歲落水身亡命例為例，命遇三奇又帶正官與正印，照理說此人命格出眾，日後前途必將不可限量，卻因為三歲時不慎落水而身亡，如此一來再好的命格又有何用呢？現今世人祈求命理指點迷津時，往往一昧地尋求名與利，卻忽視了最為根本的問題——如何讓自己與他人能夠預先知曉災害，並且及早準備與提防，藉此降低災厄所帶來的破壞力，有效達到趨吉避凶、逢凶化吉之目的；人的一生猶如經營一間公司，風險管控是第一要務，唯有事先將風險危害降至最低，方能有後續的永續發展與獲利成長。人生也是如此，如果無法度過自身災厄，儘管本身具備多麼傑出之命格，也只是紙上富貴罷了。

八字博大精深，本書歸納整理八字中基本卻重要之知識，藉此讓想學習八字的初學者能正確且快速學習，避免過多雜亂無章的資訊擾亂了學習。八字適合用星宿星來評論一個人的個性，藉由四柱星宿的不同，能準確得知此人性格為何，如果壞星聚集則可依此修正自己個性上的缺點，年幼者則能提早以教育來教導，使其改正自己個性上的不足。

本書將八字與斗數合論，運用各自所長補齊彼此不足之處：八字為體，可以了解自身性格之優劣；斗數為用，用於觀看運勢之吉凶悔吝。

正所謂『一陰一陽之謂道』，唯有八字與斗數合為一體論述，方為正道，進而發揮出加成之能量。

己亥年中秋　書於嘉義新港

如何改造自己的命運

「四書五經」乃中國儒家經典書籍，為四書與五經的合稱。五經為《詩經》、《尚書》、《周易》、《禮記》與《春秋》，《周易》更是貴為五經之首；文王在被囚禁期間，用盡心血創設能夠讓人趨吉避凶之方法：易序與卦辭。

周公在經歷武庚叛亂後，有感於臣子的叛亂不忠，因此夜觀天象、苦心思索，最終創立了中國流傳數千年的偉大智慧結晶──《天命經》，內容主要闡述做人處事之道理，教導皇親大臣如何根據小孩個性與才能，從小因材施教培養其不同領域的專職，學習相關課程，藉此將每個國家未來棟樑與生俱有的天賦發揮至最大的成效。

紫微斗數源自於《易經》，最初紫微斗數用意在於如何依照每個人不同的特質，系統化地栽培及教育，以及在人生的道路上，如何在面對困境與災厄時，能夠事先知悉、進而做出改變的行動及心境上的轉念，藉此轉危為安、化險為夷。

由二十八星曜彼此不同的搭配與組成，以及變化萬千的四化交織而成紫微斗數最重要的兩個部份。二十八星曜分佈於十二宮位，單星獨守、雙星相會、多星交錯，每顆星曜有其獨自的星情，不同星曜會合在一起又會激盪出不同的涵義，然而星情的呈現只是靜態的表象、「體」的本質，唯有與四化（「用」的本質）交互應用，方能洞燭先機、觀古知今。

子曰：「知變化之道者，其知神之所為乎！」三變成一爻，六爻方成一大成卦，因此十有八變而成一卦，描述《易經》蘊含深奧之易理。斗數由《易經》易理構成，而紫微斗數用神之處在於四化，四化乃由祿、權、科、忌所組成，搭配十天干及十二宮位孕育而出自化與化出彼此交織而成之千變萬化。

四化精妙之處莫過於其包羅萬千的組合，將一切現象涵蓋其中，猶如易經六十四卦之易理蘊含了人一生做人處事之道，教導人們在面對困境時，如何保有內心的寧靜與樂觀的心態，一方面修身養性，讓自己能泰然地與困頓相處，不要因為一時的不順遂就自甘墮落、迷失自己，做出傷害自己、傷害他人的舉動；另一方面則努力充實自己，培養自己的能力及涵養，隨時將自己的狀態準備到最好的階段，等到與有德之人相遇的時候，便能一展長才、從逆境的泥沼裡一躍而出；教導人身處在順境時，如何時時警惕自己的言行舉止，不可因為一時得意就自以為是的認為自己高人一等，看不起親朋好友與相處共事的同事，須知物極必反的道理，世間萬物任何現象或是狀態，太超過總是不好，好比再好的食物，亦或是多珍貴的營養品，吃的量過多反而對身體是有害處的，只有適量的攝取才是正確的作法，人與人相處之道亦是如此，「中庸之道」才是維持大自然平衡與萬物恆生的道理。

有鑑於現今社會新聞不時充斥著頂著俗家療法之名，假借祭改的方法，藉此能夠替生活不順遂的人們消災解厄、化解前世的業障，達到騙財騙色的目的。由於人們對於不好的東西總是感受特別深刻，尤其在面對未知的困難與災難時，更是充滿著恐懼與不安，也因此給了一些不肖業者有機可趁的機會。紫微斗數四化中亦有專門在敘述災厄、困頓的一個專有名詞（祿、權、科、忌的「忌」）。化忌象徵著困頓、挫折、災厄、不順、悔吝、執著，然而化忌在紫微斗數中卻不見得都是不好的表徵，端看當事人秉持著何種心態來面對與看待。

「忌」由「己」與「心」所組成，意謂著一切遭遇到的處境是好是壞，皆是由自己的心境所造成的；如果一個人將專注力執著於不好、違法的事情上，那麼執著的這個心態就會帶來壞的結果，這個時候化忌就具有嚴重殺傷力；然而如果將執著的心專注在學術的研究、技術的專研上，執著的心念反而是好的助益，幫助我們提升自我的能力。

「塞翁失馬，焉知禍福」，一件事情的好壞不能端看事情的表面，而是如何讓自己的心態轉正，培養正面的態度來看待眼前的災厄與挫折，這才是將自己的命運掌握在自己手中的唯一方法。

能有效改變自己、掌握後天運勢的方法，則屬八正道為最佳。

以下將詳細介紹八正道之內容：

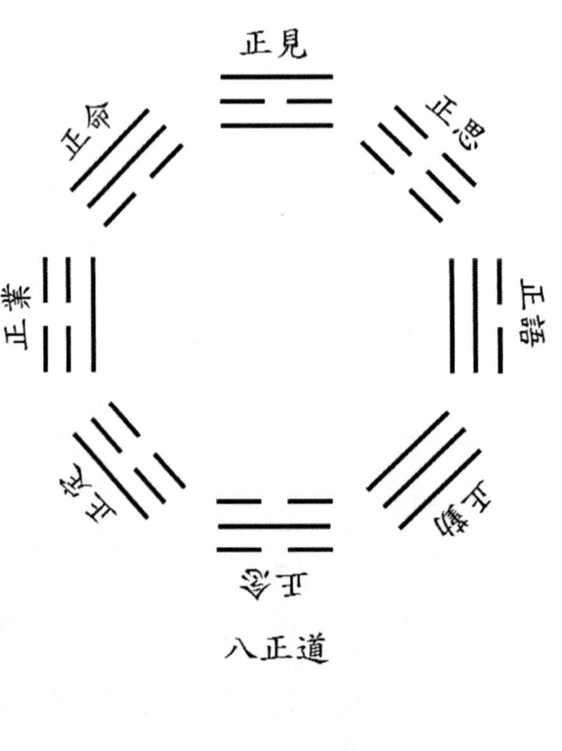

八正道

◇道：即滅苦的方法。斷絕煩惱、迷惑後須實踐八正道，以達真正的幸福人生。

「辭海」八正道：佛家語，亦名八聖道，謂八種正直之道，是見道位之行法也。

一、正見：
見聞覺知要正確，因果事理見分明，
理解信受四聖諦，去除執著無私心。

二、正思惟：
正確思考與判斷，明瞭世間因果報，
四諦道理正思惟，真智增長離苦樂。

三、正語：
正確言語不說謊，真誠和樂不騙人，
質樸寡言無要緊，用心想過始開口。

四、正業：
正當行為身口意，端正品行離邪道，
修心養性淨身業，建設協和的社會。

五、正命：
正當職業來維生，日常生活要合理，
不受六根迷失道，反省過錯開智慧。

六、正勤：

努力精進向聖道，體會人生真價值，

向道邁進人人好，左右鄰舍皆是寶。

七、正念：

憶念正道自內觀，攝心制心斷欲念，

對正法憶持不忘，知足常樂守中道。

八、正定：

安住正法心不散，不受境相動其情，

解脫意念修禪定，慈悲喜捨觀自在。

佛陀的法音

水流不常滿，火猛不久燃

日出須臾沒，月滿還須虧

尊榮豪貴者，無常復過是

性靈集第八云

心暗即所遇悉禍

心明則觸途皆寶

佛曰：「萬法唯識變，一切唯心造」，如何幫自己改運、創造屬於自己的幸福人生一直是每個人都非常關心的一件事，然而改變的關鍵因素絕對不是依靠外在力量的加持或是祭改就能夠達成，而是須從自己本身心態上的轉念，時時保有感恩萬事萬物的心，順遂時感恩自己的幸運與旁人的幫助，挫折時感恩自己目前尚且擁有的人、事、物，進而改變自己的所作所為、幫助比自己更需要幫助的人，時時讓自己散發出正向、感恩的能量，相信「善念」的傳遞會像迴旋標一樣，從你身上發射出去之後，最終一定會回到自己的手上，屆時收到的不只是當初自己本身的能量，更是累積了路途中每個受到幫助的人感恩的力量，最後這些正向能量的加總，勢必會讓你的人生更為幸福，這就是紫微斗數改變命運的方法！

國家圖書館出版品預行編目資料

命理學八字斗數合論／方哲倫著. --初版. --
臺中市：白象文化，2020.1
面； 公分
ISBN 978-986-358-947-1（平裝）
1.命書 2.生辰八字
293.12　　108021746

命理學八字斗數合論

作　　者　方哲倫
校　　對　方哲倫
發 行 人　張輝潭
出版發行　白象文化事業有限公司
412台中市大里區科技路1號8樓之2（台中軟體園區）
出版專線：（04）2496-5995　傳真：（04）2496-9901
401台中市東區和平街228巷44號（經銷部）
購書專線：（04）2220-8589　傳真：（04）2220-8505
專案主編　黃麗穎
出版編印　林榮威、陳逸儒、黃麗穎、水邊、陳媁婷、李婕
設計創意　張禮南、何佳諠
經紀企劃　張輝潭、徐錦淳
經銷推廣　李莉吟、莊博亞、劉育姍、林政泓
行銷宣傳　黃姿虹、沈若瑜
營運管理　林金郎、曾千熏
印　　刷　普羅文化股份有限公司
初版一刷　2020年1月
二版一刷　2023年7月
定　　價　880元

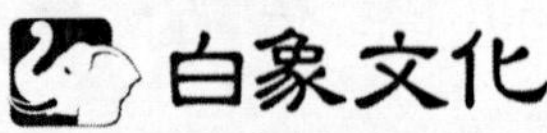